HEADS UP MONEY
10代からの
マネー図鑑

MARCUS WEEKS
マーカス・ウィークス 著

DEREK BRADDON
デレク・ブラッドン 監修

YOKO KATO
加藤洋子 訳

三省堂

Original Title
Heads Up Money

Copyright © 2016 Dorling Kindersley Limited.
A Penguin Random House Company

Japanese translation rights arranged with
Dorling Kindersley Limited, London
through Fortuna Co., Ltd. Tokyo
For sale in Japanese territory only.

Printed and bound in China

A WORLD OF IDEAS:
SEE ALL THERE IS TO KNOW
www.dk.com

HEADS UP MONEY

**10代からの
マネー図鑑**

お金の世界　06
経済学者とは、何をする人？　08

目次

お金を見せてください！

お金って何？　12
市場で　14
通貨の移り変わり　16
公平な両替　18
お金はどこへ行ったの？　20
焦点｜暗号通貨　22
経済学とは何か　24

実生活のなかの
お金と経済学　26

どれほどの価値があるのか？

経済問題　30
だれが何を得るのか？　32
焦点｜倫理的な取引　34
商品とサービス　36
供給と需要　38
より価値のある物とは？　40
産業の中心　42
焦点｜株式会社　44
健全な競争とは？　46
だれが責任をもつのか？　48
ビジネスのしくみ　50
効率的なビジネス　52
焦点｜協同組合運動　54
働いてお金を稼ぐ　56
大量消費社会　58

実生活のなかの
資源と企業　60

お金は世界をまわしていけるのか？

余計な口出しはしない　64
自由貿易　66
イッツ・ア・スモール・ワールド　68
経済の浮き沈み　70
焦点｜バブル経済　72
市場が機能しないとき　74
税金問題　76
未来はどうなる？　78
リスキーなビジネス　80
情報に通じたギャンブル　82
焦点｜ハイパーインフレーション　84
貪欲は善か？　86
正しい判断をくだす　88
焦点｜2007年から2008年の金融危機　90
地球を犠牲にしている　92
実生活のなかの
市場と取引　94

お金で幸福を買えるか？

国の豊かさを測る　98
だれがお金を供給しているのか？　100
何もないところからお金を作る　102
どうして貧しい国が
生まれるのか？　104
焦点｜国際金融機関　106
グローバリゼーションでだれが得する？　108
貧困問題　110
発展途上国を助ける　112
焦点｜エネルギー供給　114
返済期日！　116
賃金格差　118
実生活のなかの
生活水準と不平等　120

ポケットには何が入っている？

バランスをとる　124
生計をたてる　126
お金を安全に保管する　128
ほんとうに必要なの？　130
小銭を大切にする　132
いま買って、あとで払う？　134
焦点｜仕事の値段　136
どんな方法で支払う？　138
旅行のお金　140
備えあれば……　142
計画をたてる　144
実生活のなかの
個人の財産管理　146

経済学者人名録　148
用語解説　152
索引　156

お金の世界

　昔から"お金が世界を動かしている"と言われ、お金がなければ人は生きていけないと思われています。わたしたちはみなお金を必要としていますが、たいていの人が、お金とは何か、お金がなぜそんなに大事なのかをほんとうに理解してはいません。紙幣や硬貨やカードで、欲しいものを買えるのはなぜでしょう？　経済は、ビジネスや仕事にどう影響しているのでしょう？　経済は、環境や社会、そしてこの世界にどんな影響をおよぼしているのでしょう？　わたしたちが望むような人生を送り、未来を確実なものにするためには、どんな選択をすべきなのでしょう？

　お金がなかったら、わたしたちは日々、物々交換をして暮らさなければなりません。時間はかかるし、なんとも非効率的だと思いませんか？　物と物とを交換する手段としてお金が発明されたことで、経済は迅速に効率的に機能するようになり、世界規模のビジネスが可能になりました。イギリスでは中世初期、マーシア国王オファの統治時代（西暦757年〜796年）にスターリングが通貨単位として使われるようになりました。ペニー貨240枚が銀1ポンド（453.6 g）に相当することから、スターリング・ポンドと呼ばれています。アメリカ合衆国では、1785年にドルが通貨単位として採用されました。1ドルは金270グレーン（1グレーンは0.064 g）あるいは銀416グレーンに相当しました。世界中で紙幣が使われるようになると、金や銀を通貨価値の基準とする金本位制、銀本位制は終わりを迎え、紙幣（不換紙幣）が基準となったのです。

　今日の経済は不換紙幣をもとにしていますが、紙

幣をやり取りせずにおこなう決済方法としてクレジットカードやデビットカード、プリペイドカードも使われており、モバイルフォンでも支払いができるようになりました。

お金はまた価値基準や価値保存（貯蓄という形で）の機能を果たし、個人間の価値の譲渡にも使われています。いまやお金は、取引の円滑化をはかるためだけのものではありません——お金自体が投機を目的とした主要取引品目になっているのです。世界金融市場を通しておこなわれる取引は、1日に5兆ドルを上回っていますが、このうち物品の取引は1パーセントにも満たず、残りの99パーセント以上が、なんとお金そのものの取引です！　経済は、わたしたちが働く企業や国営事業を下支えし、わたしたちのポケットや財布に入ってくるお金の量やその使い方にまで影響をおよぼしているという点で、わたしたちの生活と切っても切れないものなのです。

経済学者とは、何をする人？

経済学は多くの学校や大学で教えられており、将来、一般企業や金融機関、政府機関で働きたいと思っている学生に人気の科目だ。

大学で経済学を専攻した学生のなかには、そのまま大学に残って学位をとり、教授となって教えるかたわら研究をつづける者もいる。

学問の世界の経済学者 | 経済学を教える | 経済学を研究する

経済学を学んだ学生は、政治の世界で様々な仕事につくことができる。政治家の多くが経済学を学んでいるし、政府は政策顧問として経済の専門家を雇い入れている。

経済学を専攻した学生の多くが、財務省などの政府機関に就職している。官庁のどの部署でもエコノミストは必要とされている。

公共部門の経済学者（エコノミスト） | 政治経済学者 | 政府で働く経済学者

経済学部の卒業生は、個人や中小企業を相手にする大手銀行や、大企業に資金を提供する投資銀行に就職する。

経済学を学んでおけば、株式取引所や商品取引所といった金融市場でトレーダーとして働くときに役立つ。エコノミストはまた、商社でアナリストや経済顧問として活躍している。

民間部門のエコノミスト | 銀行 | トレーダーとアナリスト

政府や企業、それに個人が、資源を活用して商品やサービスを提供するにはどんなやり方があるか、それを調べるのが経済学です。経済学を学んだ人のうち、政府や企業の経済顧問として、あるいは大学の経済学部で教えるなど、経済学者として働く人もなかにはいますが、公共部門や民間部門で経済学の知識を間接的に仕事に生かしている人が大半なのです。

マクロ経済学
経済学には2つの主要な分野がある。マクロ経済学とミクロ経済学だ。マクロ経済学では、国や政府が研究の対象となる。

ミクロ経済学
ミクロ経済学では、個人や企業の個別的な経済活動に焦点をしぼり、物やサービスが売り買いされる市場のメカニズムを研究する。

応用経済学
応用経済学とよばれる分野では、商学や政治学、法学、社会学、さらには哲学の研究手法も取り入れ、多角的な研究を行っている。

開発経済学
国連や世界銀行などの国際機関では、多くの経済学者が働いている。開発経済学を専攻すれば、援助機関や慈善団体で働くこともできる。

財務顧問と公認会計士
エコノミストのなかには、一般企業や保険会社や個人を相手に、貯蓄や税金や投資の面で助言を与える公認会計士や財務顧問として働く者もいる。

マスコミ
テレビやラジオ局、それに新聞社では、経済の観点から時事問題を報道し、ニュースを分析できるジャーナリストが数多く働いている。

お金を
見せてください！

- お金って何？
- 市場で
- 通貨の移り変わり
- 公平な両替
- お金はどこへ行ったの？
- 経済学とは何か

生活のあらゆる場面で、お金は重要な役割を果たしています。わたしたちは、必要な物を買うためにお金を稼ぎ、将来のために貯蓄します。お金を払って、様々な企業が生み出す物やサービスを手に入れます。経済学は、お金のみならず、物やサービスの生産と管理のしくみも研究の対象にしています。

お金って何?

お金はわたしたちの生活と切っても切れない関係にあり、高いリスクを負ってでも、より多くのお金を手に入れようとする人もいます。人の成功が、稼いだお金の多さで判断されることもありますし、お金が十分にないことで苦しむ人もいるのです。

お金、お金、お金

では、いったいお金って何なのでしょう? お金でまず思いうかぶのは、ポケットや財布に入っている現金——お札と硬貨——です。お金の代わりになるものもあります。たとえば、親戚のおじさんが郵送してくれた図書カードや、決められた店だけで使えるクーポン券。お金を銀行に預けている人も多いでしょうが、目で見ることができるのは、通帳に記された数字だけです。クレジットカードやデビットカードを持つにも、オンラインで買い物をするにもお金は必要です。

交換しよう!

お金にはいろいろな形がありますが、そのすべてに共通しているのが、それで物を買うことができるということです。経済学ではこれを"交換手段"と呼びます。たとえば、欲しい物、必要な物があるとき、自分が持っている物を差し出してそれと交換します。友達が行くつもりのないサッカーの試合のチケットを持っていたら、ヘッドフォンと交換しようともちかける。あるいは、ヘッドフォンをだれかに売り、そのお金でチケットを買い取る。ヘッドフォンをお金に換えれば、使い道は広がります。ヘッドフォンを欲しがっていない人から、べつの物を買うこともできます。

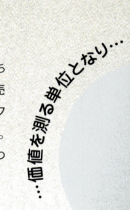

…価値を測る単位となり…

お金は貯蓄でき…

> お金は歴史の流れを決定する際に、もっとも大きな役割を果たす。
> ——共産党宣言

お金の役割とは?
お金には3つの主な役割がある。貯蓄する、価値を測る、物と交換する、の3つだ。

お金と経済学

…物と交換できる。

> 金銭を愛することは、
> すべての悪の根である。
> ——欽定訳聖書、
> テモテへの第一の手紙より

持続する価値

お金には3つ目の重要な役割があります。それは将来のために貯蓄すること、経済学で言う"価値貯蔵"です。わたしたちは働いて賃金を支払われます。支払う側にお金がない場合は、食料などの必需品が支給されます。しかし、給料袋をもらえば——あるいは、銀行口座に振り込みがあれば——食料や衣料品を買い、勘定を払うことができます。いろいろなものに使えるのです。必要な物を買ってもなおお金が残っていたら、あとで使うために貯金しておけます。美術品や貴金属や土地という形で価値を貯蔵する方法もありますが、お金のほうがずっと動かしやすく、楽に交換できます。お金は扱いやすく、その価値が持続するので、銀行に預けておいて必要なときに交換が可能なのです。

参照：22-23, 102-103

貨幣学とは、貨幣や紙幣といった形のお金を研究し、あるいは収集すること。

価格をつける

しかし、チケットとヘッドフォンはそれぞれいくらなのか、という問題は残ります。異なる2つの物を交換する場合、その価値を測る方法がないかぎり、公平なやり取りかどうかわかりません。これがお金のもうひとつの役割、つまり、物に価格をつけること、お金が"計算単位"になるのです。お金は単位系であり、ドルやポンド、ユーロや円といった通貨がそれにあたります。これらの単位を使って物に価格をつけることで、その価値を比較できるのです。

お金に価値はあるのか？

船が難破して離れ小島に流れ着いたと想像してみよう。浜辺には難破船から出た漂流物が散乱している。紙幣がぎっしり詰まったスーツケース、金が詰まった木の箱、ブリキの箱、袋に入った食べ物。あなたにとって一番価値があるのは？ 使う場所がどこにもなければ、お金や金にどんな価値があるだろう？

お金を見せてください！

市場で

市場と聞いて真っ先に思いうかぶのは、果物や野菜や日用品の屋台が並ぶ場所、あるいは、スーパーマーケットやショッピング・モールでしょう。しかし、経済学で言う"市場"には、あらゆる商品やサービスを交換することもふくめ、もっと広い意味があります。

> 古代ギリシャでは、市場（アゴラ）は都市の政治、経済、文化の中心でもあった。

必要な物を手に入れる

経済学では、市場は場所ではなく、食料や服や電気製品といった必要な物を手に入れる方法です。それはまた、生産者が物を商品として提供する方法でもあります。たとえば、自転車の生産者は、市場の屋台に自転車を並べて売ることもできますが、店で販売するか、インターネット——物を"売りに出す"べつの方法——で販売するほうが一般的です。

人々が特定の場所に集まって物を売り買いしたのが、市場のはじまりです。そこでは、売り手が

▼ **商品とサービス**
物やサービスの提供者は、市場に商品を出して売る。買い手は、市場に並ぶよく似た商品やサービスのなかから選んで買うことができる。

> 供給はつねに需要のあとにつづく。
> ——ロバート・コリアー、自己啓発本の著者

物——自分たちで作った食物——や、サービス——髪を切ってあげる——を提供しました。現代の町や都市では、伝統的な市場はあまり見かけず、代わりに現れたのがスーパーマーケットやショッピングセンターで、食料雑貨から電気製品や服まで、あらゆる商品がそろっています。町の大通りやショッピングセンターには、サービスを売る店も並んでいます。美容室、法律事

商品は…

…製造物を使って

務所、レストラン、眼鏡屋などで、専門的技術や知識を提供しています。

何か特別なもの

市場のなかには、ひとつの物に特化したものもあります。海辺の町なら魚市場があるといった具合に。そういう特化市場では、買い手は一般大衆ではなく加工業者です。たとえば、トウモロコシを作る農家が相手にするのは、それを挽いて粉にする製粉業者です。特化市場で売られるのは農産物にかぎりません。一般市場から魚市場や穀物取引所が枝分かれしたように、工業都市や港には、鉄や石炭やダイヤモンドだけを交換する市場ができました。

売買

特化市場で売られている物を総称して"商品"と言います。コーヒーや紅茶から金属やプラスチックにいたるまで、特化市場では一度に大量の取引がおこなわれますが、実際に商品が運びこまれることはなく、トレーダー同士が価格に合意すれば取引完了です。トレーダーは自分のために売り買いすることは

株式市場

株式市場とは企業の株式を売買するところで、ニューヨークやロンドン、東京のような大都市に建物を構えている。ほかには、バーチャルな電子株式市場、NASDAQ（全米証券業協会が運営する株価の自動通知システム）がある。

めったになく、売り手である生産者や、買い手である加工業者の代理人として取引をおこなっています。そこが屋台であれ、スーパーマーケットであれ、商品取引所であれ、売買の原則はおなじです。つまり資源の分配、それに、供給──売り手が提供するもの──と、需要──買い手が求めるもの──のバランスをとることです。

> **すべての製品の価値は、人間の労働によって決まる。**
> ──カール・マルクス

加工されるが…

…それにはサービスが必要とされる。

通貨の移り変わり

お金が発明されるまで、人々は物々交換で欲しい物やサービスを手に入れていました。この場合、他人が欲しがる物を持っていなければ、欲しい物は手に入りません。この問題を解決するためには、だれもが認める価値をもち、それで物を売り買いできる何かが必要です。それが通貨でした。

価値とは何？

欲しい物を手に入れるためには、それを持っている人が欲しがる物を提供しなければならない物々交換という不便なシステムに代わるものとして、古代世界で通貨が発達しました。しかし、当時の通貨は、現代のわたしたちが知っているお金とはちがいます。一袋のトウモロコシや大麦といった実用的な商品が、交換手段に使われたのです。これを"商品貨幣"と呼び、穀物の重さで物の値段が決められました。穀物以外にも、宝石や金属、貝殻など、だれもが価値を認める物が商品貨幣として使われました。このやり方の利点は、価値あるものと認められているかぎり、時間が経っても価値がさがることがなく、重たい穀物と比べて持ち運びに便利だったことです。地中海沿岸や中東の古代文明社会では、金や銀が交換手段として使われ、その重さを基準にして取引がおこなわれました。

> 世界最古の紙幣は交子と呼ばれ、970〜1279年のあいだに中国で発行された。

> 世界中で、金はいまだに究極の通貨である。
> ——アラン・グリーンスパン、連邦準備制度理事会 前議長

硬貨と紙幣

やがて生まれたのが、持ち運びに便利なように、定められた重さの金や銀を小さな円盤状にしたもので、これが硬貨のはじまりです。使いやすいように、硬貨の表面には金属の重さが刻まれていました。硬貨が流通するようになると、表面に権威のしるし、たとえばその国の支配者の顔が刻まれ、基準の重さと質がそれで保証されました。硬貨は世界各地で採用されるようになり、それはいまもつづいています。

同等の価値をもつ金や銀によって商品の価格を決める商品貨幣の考え方は、徐々に発展していきました。銀行に硬貨を預けると、銀行は紙の預り証を発行しました。あとでお金をおろしたくなったとき、これが必要になります。やがて、この預り証が、硬貨とおなじお金として認められるようになりました。この銀行券

金本位制

金本位制とは、希少で価値のある資源、金を通貨価値の基準とする制度。ドルのような通貨は、決められた重さの金と同等の価値をもつ。国は発行した紙幣や硬貨と同額の金を保管し、求められれば金と交換する。

お金と経済学

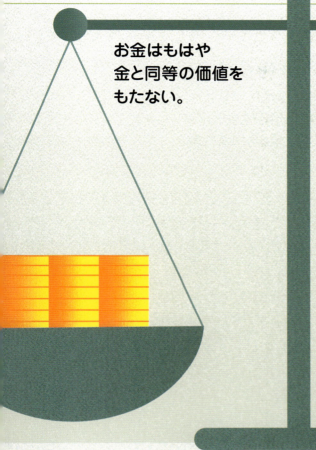

お金はもはや金と同等の価値をもたない。

紙幣や硬貨の価値は、それを発行する銀行によって保証されている。

参照：12-13, 22-23, 102-103

銀行券はそれ自体に価値はなく、そこに記された金額（もともとは金を基準とした）をその持ち主に支払うという銀行の約束を示すものだ。

——文字どおり銀行が発行する券——つまり"紙幣"には実際の価値はなく、金や銀のお金を支払うという約束が記されているだけです。

法定通貨

硬貨は通貨として使われつづけたものの、質は変化していきました。お金そのものの価値が問われなくなると、卑金属で硬貨が造られるようになったのです。そういう硬貨は紙幣と同様、それ自体の価値はほとんどありませんが、特定の金額を表すものであり、価値ある何かと交換できます。このように支払い手段として使われて、それ自体にほとんど価値のないものを"名目紙幣"、あるいは"法定通貨"と呼びます。こういう硬貨や紙幣の価値は、それを発行する銀行や政府が決め、たいていの国で法律によって定められています。

> 銀行がお金を創り出す過程はあまりに単純すぎて、かえって納得できない。
> ——ジョン・ケネス・ガルブレイス

公平な両替

　売り買いしたり、労働の報酬を払ったり、物に値段をつけたりするために、お金は世界中で使われています。しかし、お金は万国共通ではありません。アメリカのドルやイギリスのポンド、日本の円など、お金の単位は国や地域ごとに異なっています。

国連が法定通貨と認めている通貨は、世界に180。

お金は言語とおなじ

　通貨を発行する責任を担うのは、通常はそれぞれの国の政府です。政府は、管轄の造幣局で硬貨や紙幣を造らせ、銀行を通じて発行します。政府が保証しているので"法定通貨"と呼ばれ（p.17参照）、安心して使うことができます。どの通貨単位を使うかを決めるのは政府です。国によって異なる言語が発達してきたように、国によって異なる通貨が流通し、食糧やサービスを買うのに使われています。言語とおなじで、この通貨をよその国で使う場合に問題が生じます。海外に出かけたら、その国の通貨を使わなければなりません。ニューヨークからパリを訪れるなら、USドルをユーロに両替するというように。

お金の価格

　わたしたちが使っている物の多くは国産品ではなく、よその国から輸入されたものです。その反対に、企業は生産品を世界中の消費者に届けています。こういった国際貿易には、異なる通貨を使う人々が関わっているため、ひとつの通貨からべつの通貨へ交換する必要がでてきます。海外を旅するときには、銀行や両替所でその国の通貨に換えることができます。外国の通貨が、たとえば1USドルに対してい

くらになるかを定めているのが為替レートで、両替だけでなく、国同士の貿易もこれがもとになります。アメリカの企業は生産品にUSドルで価格を設定し、買い手は為替レートを使って自国の通貨ではいくらになるかを知り、ドルに両替して買い取るといった具合です。

ユーロ

第二次世界大戦後、ヨーロッパの国々は協力して平和の実現に努め、相互貿易を進めてきた。その集合体がヨーロッパ連合であり、統一通貨を作ろうという機運は高まりをみせた。1999年、電子商取引のためのユーロが作られ、2002年には、"ユーロ圏"の国々で硬貨や紙幣が発行された。

> お金はえてして
> 高くつく。
> ——ラルフ・ウォルドー・エマーソン、
> アメリカの随筆家、詩人

強いか弱いか

通貨の両替とは、よその国のお金を買うことです。お金を売ったり買ったりするなんておかしいと思われるかもしれませんが、銀行や両替所でおこなわれているのがまさにそれで、為替レートはお金の価格です。

そういう意味で、通貨もほかの商品と同様に売り買いができ、外国通貨あるいは"外国為替"を専門に扱う市場もあります。そこでは、いろいろな通貨に価格がつけられ、どれぐらい需要があるかによって為替レートが決まります。為替レートは国際貿易で扱われる商品の値段の影響を受け、毎日変化します。為替レートは市場で決められているので、両替によって得られる外国通貨の量がいくら多くても、それでたくさんの買い物ができるとはかぎりません。貧しい小国の通貨は、ドルや円やユーロほど需要がないので価値は低くおさえられます。反対に裕福な国の人が貧しい小国を訪れると、強い通貨のおかげで、自国にいるよりたくさんのものを買うことができます。そのため、銀行が提示する"名目為替レート"と、実際の為替レートのあいだには大きな開きがあるのです。

> 通貨は
> 言語に
> 似ていて……

> ある国で物を買うためには、その国の通貨が必要になる。そのために、自国の通貨をべつの国の通貨に換える。べつの言い方をすれば、お金を買うのだ。

お金はどこへ行ったの？

　現代社会では、ポケットやお財布から現金を出して払う機会はどんどん減ってきています。代わりにカードやスマートフォンを使って買い物し、現金に触れることはありません。では、実体のないお金はいったいどこへ行ったのでしょう?

信用の問題

　実のところ、現金──硬貨と紙幣──は、それ自体に価値はあまりありません。紙切れや安物の金属にすぎませんが、現金で欲しい物を買うことができます（p.16-17参照）。わたしたちがお金で物を買えるのは、売り手もまたそれでべつの物を買えるとわかっているからです。つまり、信用のうえに成り立つ取引です。価値のない紙や金属で物が買えると信じているから、支払いに使っているわけです。それが売り買いするときの約束事で、最初の紙幣は、銀行が、金のようにほんとうに価値のある物と交換するという約束を記した紙でした。このような"約束手形"は、のちに小切手へと発展しました。わたしたちは現金をすべて手元に置かず、銀行に預けて必要なときに少額ずつ引き出すか、小切手を切って支払いにあてています。小切手は、それを持ってきた人に、銀行がそこに記された金額を払うという約束です。この場合、現金が実際に人の手から手へとわたるわけではありません。小切手に記された金額が、買い手の口座から差し引かれ、売り手の口座へ入金されるのです。銀行が実際にやっているのは、金や銀、あるいは現金を口座から口座へ動かすのではなく、通帳や、最近ではコンピュータ・メモリに記される数字を書き換えるということです。

電子化

　テクノロジーの発展にともない、小切手の紙すら不要になりました。コンピュータ・チップを埋めこんだデビットカードやクレジットカードが紙に取って代わり、取引が成立すると、買い手の口座から

キャッシュレス ▶
安い日用品を買うのに現金を使う一方で、ネットや電話で物を買う機会も増えている。

売り手の口座へ、決まった金額が自動的に移されます。サインも必要ではなくなり、代わりに使われているのがPIN(暗証番号)やパスワードです。暗証番号やパスワードは、ネットで物を買ったり、電子送金するときにも使われます。買い物ばかりでなく、給料も電子振込によって口座に入金されています。いまではスマートフォンを使って、銀行口座にアクセスしたり、買い物したりすることができる時代になりました(下のコラム参照)。デビットカードを使えば、ATM(現金自動預け払い機)で少額の現金を引き出すこともできます。

やはり現金がいい

それでも、いまだに多額の現金が流通しています。少額の買い物なら現金は使い勝手がいいですし、電子取引の目に見えず触れることのできないお金より、"実際の"

> **すべてのお金は信用のうえに成り立っている。**
> ——アダム・スミス

お金——現金——のほうが信用できると考えている人がいるのも事実です。しかし、いまではお金のほとんどが"バーチャルな"お金であり、つまるところ、お金の価値は、わたしたちの信用のうえに成り立っていると言えるでしょう。

いまでは、"存在する"お金の97パーセントが、"バーチャルな"形で存在しているにすぎない。

現代のお金の大半が、現物として存在していない。

マネー・オンライン

いまでも硬貨や紙幣は、コーヒーを買うといった少額の取引に使われている。しかし、スマートカードやスマートフォンのアプリケーションの普及で、少額の取引もキャッシュレスでおこなわれるようになった。近い将来、顔や指紋や声を認識する機械により、ボタンに触れたり、コマンドを入力するだけで支払いが可能になるだろう。

焦点

暗号通貨

コンピュータ・テクノロジーの発達により、ビジネスのやり方が変わりました。わたしたちはいま、世界中の売り手からオンラインで物を買うことができ、実際に見たり触れたりすることなく、お金が銀行口座に入ったり出たりしています。デジタルな形でのみ存在する通貨もあるほどです。

通貨分散

すべてのお金の"電子化"が進むにつれ、お金のほとんどが、銀行のコンピュータのなかの数字だけの存在になりました。ただし、デジタル通貨の発行を管理するのは、中央銀行ではありません。ユーザーは個人間決済システムを使い、直接取引をおこなっています。このような分散化した通貨は、政府の干渉を受けず、中央権力ではなくユーザーの信用によって成り立っているのです。

デジタル・マネー

オンライン取引の増加にともない、電子取引はごく一般的になりました。この"電子マネー"の考え方に刺激され、1990年代に入ると、インターネットを使った交換手段として、純粋な電子通貨が数多く現れました。これらの"バーチャル通貨"が通用するのはバーチャルな世界だけですが、現実世界でも通用する通貨もあります。ビットコインに代表されるデジタル通貨がそれです。

世界初の分散化された暗号通貨は、2009年に運用がはじまったビットコインだ。

「ビットコインのそれなりの成功は、
お金がなによりも
信用のうえに成り立っていることを証明している」
——アーノン・グリンベルグ、オランダの新聞コラムニスト

暗号化

デジタル通貨を裏打ちするのは国の金準備や国債ではなく、もっぱらユーザーの信用です。このシステムにおいて、お金はユーザーのネットワークによって生み出され、複雑な暗号によって情報セキュリティが守られています。このような暗号通貨の第1号がビットコインで、以後、同様のコインが数多く出回るようになりました。それらを総称してアルトコインと呼びます。

マイナス面

伝統的なお金もそうですが、電子マネーにもマイナス面はあります。銀行はコンピュータ・セキュリティを頻繁にアップデートしていますが、犯罪者のほうがたいてい一歩先をいっています。最新のデジタル通貨も、どんなに複雑な暗号も、サイバー犯罪に対して絶対安全ではありません。取引をより安全で便利なものにするため、システムもテクノロジーもつねに進化する必要があるのです。

古典学派	マルクス学派	新古典学派	オーストリア学派
アダム・スミス （1723-90） 『国富論』（1776年刊）	カール・マルクス （1818-83） 『共産党宣言』（1848年刊）、『資本論』（1867,1885, 1894年刊）	アルフレッド・マーシャル （1842-1924） 『経済学原理』（1890年刊）	フリードリヒ・ハイエク （1899-1992） 『隷属への道』（1944年刊）

経済学とは何か

　最古の文明が築かれて以後、人々は、資源を管理し、物やサービスを流通させる方法を模索しつづけてきました。そして何世紀にもわたり、経済の働きや経済を管理する最善の方法について、様々な説明がなされてきたのです。

啓蒙思想

　わたしたちがいま知っているような経済問題が表面化したのは、18世紀も後半になってからです。啓蒙主義の時代、思想家や科学者は伝統的な考え方に異を唱え、スコットランド人のアダム・スミス（p.32 参照）は、経済学のあたらしい考え方を発展させました。スミスやほかの思想家たちが着目したのは、商品が製造され取引されるしくみです。それまで、取引とはある物と引き換えにべつの物を得ることでしたが、スミスが提唱したのは、取引の当事者双方が利益を得ることでした。この考え方は近代経済学の基礎となり、総称して古典派経済学と呼ばれるようになりました。

参照：12-13, 14-15

経済学の95パーセントは常識だ……複雑に見せているだけで。
——張夏準

人間の力

　このようなあたらしい考え方がイギリスで生まれたことは、けっして偶然ではありません。イギリスは当時、農業国から世界初の産業国への転換期にあり、社会も変化しつつありました。このような変化は"産業革命"と呼ばれ、工場や製作所のオーナーには富を、そこで働く労働者には貧困をもたらしました。カール・マルクス（p.48 参照）は、これを不公平だと考え、市場経済では富を公平に分配できないと結論付けました。彼が提唱したのは、工場などの生産手段をオーナー、つまり資本家から取り上げ、労働者の管理のもとにおき、彼らが労働から直接利益を得られるようにすることでした。マルクスの考え方は、のちに多くの共産主

お金と経済学

ケインズ学派

ジョン・メイナード・ケインズ
（1883-1946）
『雇用・利子および貨幣の一般理論』（1936年刊）

シカゴ学派

ミルトン・フリードマン
（1912-2006）
『資本主義と自由』（1962年刊）

行動経済学派

ハーバート・サイモン
（1916-2001）
『経営行動』第四版（1997年刊）

経済学のなかには多くの学派が存在している。

← **意見の相違**
過去2世紀半にわたり、経済学の問題について様々な解釈がなされてきた。影響力のある経済学者があたらしい考え方を打ち出すと、あらたな学派が生まれた。

義国で採用されましたが、資源を流通させる手段としての市場の力を信じる人たちからは敬遠されました。19世紀の終わり、アルフレッド・マーシャル（1842-1924）やレオン・ワルラス（1834-1910）らによって、科学的、数学的手法を用いて古典派理論を説明する新古典派経済学が打ち立てられました。

自由市場

マルクスの思想にもっと強い拒絶反応を示したのが、オーストリア学派と呼ばれる経済学者たちで、なかでもフリードリヒ・ハイエクは、共産主義政府のもとでは経済は発展しないと指摘しました。個人や企業が自由に活動できるよう、政府はよけいな介入をすべきでないというのが、オーストリア学派の主張です。市場が規制や介入から完全に自由になるこの"放任主義経済"は、ミルトン・フリードマンのようなシカゴ学派の経済学者にも受け入れられました。

失敗を避ける

1930年代に起きた大恐慌（p.71参照）に

よって、市場も失敗することがあきらかになりました。20世紀のもっとも影響力のある経済学者の一人、ジョン・メイナード・ケインズ（p.111参照）は、ある程度の政府の介入と統制によって、そのような失敗は避けられるという説を推し進めました。

「経済学」を表す"エコノミクス"とはギリシャ語で"家政"のことだ。

過去から学ぶ

経済学のそれぞれの学派の考え方は時代の産物ですが、基本原則の多くは現代にも適用できます。これらの学説のどれが現実世界でもっともよく機能したかを調べ、よいところを取り入れて発展させてゆくのが経済学者の仕事です。

参照：30-31, 66-67

経済学は科学か？

経済学者の多くが、経済学を一種の科学とみなしている。だが、経済学は物理学のような"自然科学"ではない。お金は自然現象ではなく、人間の創造物であり、わたしたちの行動によって形作られ、政治思想の影響を受けるため、その学説が正しいかまちがっているかを証明するのは難しい。

実生活のなかの
お金と経済学

あたらしい経済思想
経済学の学説は数多くあり、なかには正反対のことを言っているものもあります。それはテクノロジーの発達やビジネス環境の変化にともない、経済自体がつねに変化しているからで、経済学者は変化する世界にあてはまる、あらたな理論を展開する必要があります。

クローン攻撃
硬貨や紙幣の欠点のひとつが、偽造が容易であることです。どの時代にも偽造者はいて、安い金属から"金貨"を造り、にせ札を印刷していました。しかし、紙幣や硬貨の偽造はコストがかかり、えてして元が取れません——その点、銀行カードの偽造はもうかります！

未来を予想する
経済学者は経済の働きを解説してくれますが、経済学は、学説が正しいかまちがっているか証明可能な"自然科学"ではありません。経済をどう管理すべきか、人が特定の行動をとると何が起きるかを示唆する経済学者もいます。しかし、未来は予測不可能であり、彼らの予測がひどくまちがっている場合もあります。

手元の現金
支払いを電子化することができるようになっても、やはり現金を使いたいという人はまだまだ多くいます。現金は目に見えるし、手でつかめるからより信用がおけると思っている人もいます。現金の欠点は、なくしたり盗まれたりしても、カードや電子マネーとちがって保護されていないことです。

かぎりある資源

豊かな国の人々は、生活に必要な資源の供給はとだえることがないと思っています。貧しい国では、水のような天然資源も十分に行きわたっていません。たとえ資源が十分にあっても、公平に分配されるとはかぎらないのです。石油のような資源は、いずれ枯渇します。そういう資源をどう管理するか、それを示唆するのも経済学者の仕事です。

マクロとミクロ経済学

20世紀に入ると、経済学は2つの分野に分かれました。ミクロ経済学とマクロ経済学です。個々の人間や企業の行動に焦点を当てるのがミクロ経済学、国や世界全体を対象とするのがマクロ経済学です。

銀行口座を利用したり、店で買い物をしたりといったわたしたちの日常生活は、お金と市場の動きに影響を受けています。テクノロジーの発達によりお金の使い方は変化しましたが、現金を持ち歩こうと、オンラインで商売をしようと、おなじ経済原則が適用されているのです。

ひとつのお金

ひとつの世界通貨という考え方は、昔からありました。しかし、それぞれの国にはそれぞれの政府があるので、これは不可能に思えました。この考えにもっともちかいのがUSドルで、自国通貨のほかにUSドルを採用している国はいくつもあります。それに、ビットコインのようなあたらしいバーチャル通貨も、国境を越えて使われています。

白昼の泥棒

大手銀行はどこも、行内に多額の現金を置いてはいません。ですから、頭のいい銀行強盗は、覆面にショットガンで銀行をねらったりしません。それよりコンピュータを駆使し、銀行口座に侵入してお金を動かすほうを選びます。そのため、銀行にとっては、サイバー・セキュリティが最優先課題となっているのです。

どれほどの
価値があるのか？

経済問題

だれが何を得るのか？

商品とサービス

供給と需要

より価値のある物とは？

産業の中心

健全な競争とは？

だれが責任をもつのか？

ビジネスのしくみ

効率的なビジネス

働いてお金を稼ぐ

大量消費社会

わたしたちが必要とする商品は、農業や製造業といった産業に属する企業によって供給され、市場で売られています。わたしたちが支払う価格——それらに与える価値——を決めるのは、資源が多いか少ないか、その商品の需要はどれぐらいあるか、その需要を供給で満足させられるかどうかといった要素です。

経済問題

2050年までに、世界の人口は96億になると予想される。

経済学とはお金だけのことではありません。お金も重要な問題ですが、経済学が焦点を当てるのは、資源をどう管理するかということです。つまり、すべての人の必要性と要求を満たすために、利用できる資源をどう使うか。かんたんに言えば、これが"経済問題"なのです。

何を欲しがり、何を必要としているのか

わたしたちの必要性と要求はつねに変化し、限りがありませんが、要求を満たすのに必要な物——資源——には限りがあります。こういう状態を表すのに、経済学者は"希少"という言葉を使います。ある物が必要とされる量よりも少なければ、それは希少です。求める物が無尽蔵に手に入るなら、限りない必要性を満たすのに何の問題もありません。しかし、実際には資源は不足しており、豊かな国のほうが貧しい国より不足している度合いが大きいのがふつうです。経済学者が必要なものと定義する資源は多種多様です。もっとも顕著なのが、まわりの環境から直接取ってくる水などの天然資源でしょう。自然に生えている植物や野山に生息する動物もそのひとつ

> 地球は、すべての人間の要求を満たすのに十分なものを提供してくれるが、すべての人間の欲望を満たすことはできない。
> ——マハトマ・ガンジーの言葉とされる

天災！

資源は世界中にまんべんなく広がっているわけではない。乏しい地方もあれば、豊かな地方もある。食糧や水が豊富な地域もあれば、生きるのに必要な量を得られない人々もいる。石油のような他の資源がないかぎり、その地域の経済は不安定で、干ばつや不作、疫病などの災害に見舞われればひとたまりもない。

資源と企業

この経済問題を解決することは、つぎの3つの命題の答えを探すことだ。何を作るか、それを作るのに最適な方法は何か、だれのために作るか。

限りある資源で、限りのない必要性と要求を満たすためには……

で、わたしたちの食糧になります。土地もまた天然資源で、耕して穀物を収穫したり、掘って石炭などの資源を採取しています。これらを"土地資源"と呼びますが、そこには海から得られる資源も含まれ、必要な商品を作り出す原材料を提供してくれます。しかし、地球上の土地の広さには限りがあり、無尽蔵に資源を提供してくれるわけではありません。土地を耕して食物を生産することはこの先もできるでしょうし、太陽や風力といったあらたなエネルギー資源を使いつづけることはできても、ほかの資源はいずれ枯渇してしまうのです。

物を作る

　資源のなかには自然に存在せず、原料から作り出さねばならないものがあります。人間が作った資源を"資本財"と呼び、商品を製造し分配するために使われる機械や工場、鉄道などの輸送機関が含まれます。資本財を作るためには、労働も必要です。働く人々、つまり"人的資源"は、商品やサービスを作るのになくてはならないもので、肉体労働以外に技術や知識、情報も"人的資源"です。

参照：32-33, 38-39

資源を管理する

　限られた資源で需要を満たすには、賢い選択と決定をおこない、つぎの3つの基本問題を解決しなければなりません。第1に、どんな商品とサービスを作り出すべきか？　たとえば、ひとつの土地から主食である穀物を作るか、ワイン用のブドウを栽培するか、あるいはその土地に病院か高級ホテルを建てるか。第2に、商品やサービスを作る最適な方法は何か？天然資源は乏しくても、豊かな労働力をもつ国があるとします。その労働力を効率的に使って商品やサービスを作れば、必要なものを輸入するお金を稼ぐことができます。第3に、だれのために商品やサービスを作るのか？　すべての人が求めている物をすべて作り出すことは不可能ですから、だれのために資源を使うのかを決定し、商品やサービスをうまく分配する方法を考えなければなりません。

だれが何を得るのか？

人々が必要とし、欲しがる物を作るのはもちろんのことですが、そのために、資源をどう割り当てればいいのでしょう？　作り出した商品やサービスが、それを必要として、欲しがっている人々の手にちゃんとわたっているか、どうすればわかるのでしょう？

> いつの日にか、みなにゆきわたるくらいの物ができ、労働が楽しみになるほどの繁栄がもたらされるかもしれない。
> ——ジョン・メイナード・ケインズ

だれが決めるの？

土地や労働といった資源は無限ではありません。となると、限られた資源をどう使えば一番よいのか、という問題が生じます。資源の分配もですが、作った商品をだれの手に渡すべきか、商品やサービスをどう分配するかということも、考えなければなりません。資源を必要性と要求に合わせる"経済問題"を解決することは、社会の安定に不可欠です。人々の幸福を保証するのが政府の役割ですから、資源をどう分配するかも政府が決めるべきでしょう。

> 2007年、アダム・スミスの肖像が描かれた20ポンド紙幣が、イングランド銀行より発行された。

スミスの解決策

18世紀に活躍したスコットランド人経済学者、アダム・スミスは、資源の分配は社会全体の利益に関わる決断なので、自らの利害で動く個人がおこなうべきだ、と説きました。一見、筋のとおらない論理のようですが、資源をどう分配するかを決めるのは、商品やサービスがどう売り買いされているかだというのが、スミスの論旨です。市場で物を売り買いする商人や客が考えるのは、何が社会全体にとって最善かではなく、自分たちにとって何がいいのか、です。客は必要な物、欲しい物を買いに、つまり、私欲を満たすために市場に行きます。売り手が物を売るのは、公共心に駆られてではなく、お金が欲しいからです。それを欲しがる客がいるから商品を売ることができ、市場があるから商品を作り、需要がなくなれば作るのをやめます。市場は、個々の取引がおこなわれる場所、客が必要性と要求を満たす場所です。市場の動きが目に見えぬ手となり、資源のもっとも効率的な分配や、商品とサービスのもっとも公平な分配へと導いてくれる、とスミスは論じました。買い手であれ売り手であれ、個人は自分の利益のために何を買い、何を売るべきか合理的判断をおこなっていますが、全体としてながめると、それが社会の利益になっている。完璧な市場では、最終的に供給と需要のバランスがとれ、商品は最善の形で分配されるようになる。さらに、完璧な市

アダム・スミス（1723−90年）

スコットランドに生まれたアダム・スミスは、近代経済学の父と呼ばれる。グラスゴー大学哲学科教授で、デイヴィッド・ヒュームをはじめとする思想家グループの一員。1760年代にフランスに旅して『諸国民の富の性質と原因の研究』の執筆に取りかかり、1776年に書き上げた。

資源と企業

> 企業が物を作るのは、そこに需要があるからだ。

参照：30-31

場では、買い手も売り手も利益を得ることができる。客は欲しい物やサービスを手に入れ、売り手は物を売って利益を得ることができる。これがスミスの考え方です。

不公平だ！

経済学者がこぞってスミスに賛同したわけではありません。多くの経済学者が指摘したのは、市場が効率的に働かなければ、利益を得るのは少数の人たちだけ、という点です（p.74-75参照）。これを避けるため、政府はなんらかの形で市場を規制しなければなりません。カール・マルクスに代表されるべつの経済学者たちは、市場は本質的に不公平なものであり、供給と需要の変動に左右されがちだから、資源の分配は市場ではなく政府が決定すべきだ、と主張しました。

需要を満たす ➔
製造者が物を作って売り出すのは、それを欲しがる人がいるからだ。商品を買う人がいなければ、製造者は作るのをやめる。

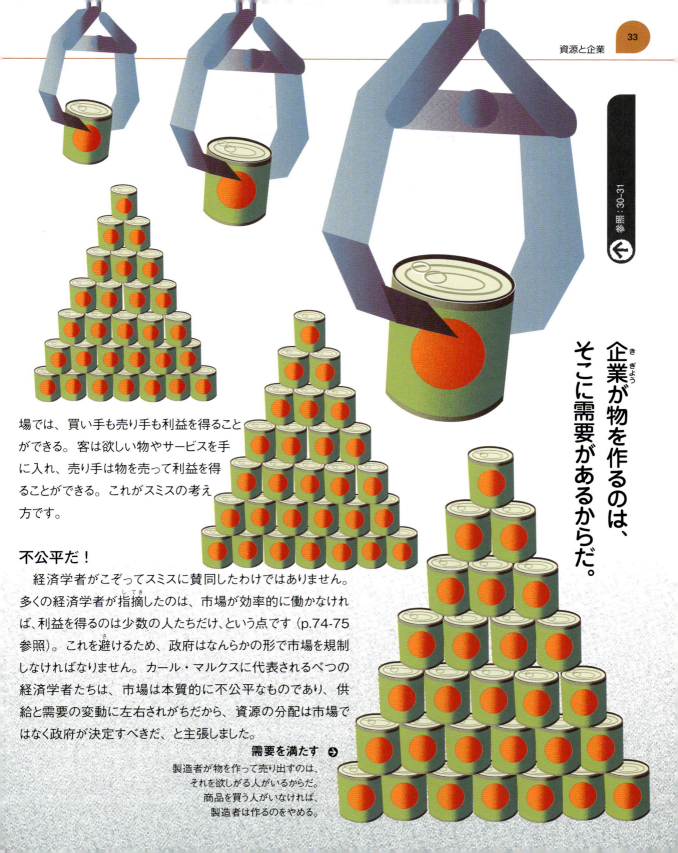

倫理的な取引

たいていの人が、取引は自由であると同時に、倫理的であるべきだと考えています。倫理的な取引とは、商品を高値で売ることだけがビジネスではないという意味です。そこで働く人たちの労働条件や、環境に与える影響にまで配慮してこそのビジネスなのです。

立場を明確にする

先進国では、消費者が不買運動をとおして、企業の姿勢を正すことができます。2013年、バングラデシュの衣料品工場、ラナ・プラザが倒壊して1100人が亡くなり、この工場と取引のあった衣料品チェーン、プライマークとベネトンは抗議に直面しました。それ以来、衣料品の小売業者は、取りあつかう製品が作られている工場の安全性を確保し、仕入れ工場の詳細を明記するようになりました。

> いまでは、コーヒーの5分の1以上がフェアトレードで、イギリスの消費者の3分の2ちかくがフェアトレードのバナナを買っている。

倫理的に買う

倫理的な消費とは、買い手が物を選んで買うことにより、企業がよい行動をとるよう圧力をかけることです。企業側はこれにこたえ、"持続可能な資源"や"放し飼い"を明記した製品を作るようになりました。銀行を選ぶ場合も、武器商人や公害産業に投資している銀行は避けるといった具合です。倫理的な銀行とは、投資や貸し出しをするさいに、環境や社会的影響を考慮している銀行をさします。

↑ 絶妙なバランス
倫理的取引とは、企業が環境や労働者に与える影響と、利益をあげることとのバランスがとれている取引を言う。

資源と企業

「フェアトレードのおかげで、
農民は最低額が保証され、
公正な価格で作物を売ることができ、
翌年の作付けにお金をつぎこむことができる」

——ネル・ニューマン、アメリカの環境保護主義者

フェアトレード

フェアトレード運動が起きたのは1990年代。貧しい国々でコーヒーやバナナを栽培する農民が、安い市場価格のせいで栽培をやめるのを防ぐことが目的でした。フェアトレード組織は、供給者に公正価格（フェア・プライス）を保証し、供給者は労働者に適正な報酬と持続的な雇用を約束します。消費者は、フェアトレードの認証を受けている商品を買って、この運動を支援します。

労働搾取

企業は、競争に勝ちぬくためにコストを削減し、労働者が働く環境には目をつぶりがちです。衣類や電気製品など安い価格で店に並ぶ商品の多くが、発展途上国の劣悪な環境の、いわゆる搾取工場で、子供やときには奴隷によって作られていることに、近年、消費者が目を向けるようになってきました。これにより、企業は生産方法を見直して透明性を増す努力をするようになりました。

商品とサービス

経済学では、売り買いされる物を商品と呼んでいます。これには食べ物のような生活必需品や、コンピュータのような製造品が含まれます。それとはべつに、目で見たり手で触ったりできない商品もあります。つまり、お金を得るために人がおこなうこと、それをサービスと呼びます。

> アメリカでは、労働力の推定80パーセントがサービス部門に属し、GDPの約80パーセントを占めている。

欲望の対象

商品とは、人が必要とし欲しいと思う物、役立つと思う物、あるいは望ましいと思う物。なによりも、人がお金を払ってでも手に入れる価値があると思っている物です。そういう商品を買いたがる人がいるので、そういう物を提供して生計をたてようとする人が現れるのです。市場には、需要サイド——消費者——とは逆の供給サイドがあり、いろいろな商品を生産するたくさんの企業があります。たとえば、土地から生み出される穀物や家畜といった農産物を提供する農業経営者。

> 世界人口の5パーセントほどが、世界中に出回る商品の29パーセントちかくを製造している。
> ——スティーブン・コヴィー、『7つの習慣』

土地を使って必要な商品を生み出す企業もあります。土地を掘って金属の原料やそのほかの鉱物を採取する鉱業企業や、エネルギーのもととなる石炭や石油やガスを採取する企業などがそれです。

企業は商品とサービスを提供する

作ること、すること ➡

人々は経済の様々な分野で原材料を提供し、製造品を作り、サービスを提供している。

製造品

　食べ物をのぞけば、わたしたちが買っている商品の大部分は製造品です。それらは原材料から工場で、あるいは職人の手によって作られています。資本財（右下のコラム参照）にはじまり、衣類のような生活必需品、家具のような家財道具、洗濯機やオーブンのような家庭用電気器具、それに車にいたるまで、製造業はありとあらゆる商品を作り出しています。工場で大量生産される商品であれ、小さな作業場で手作りされるぜいたく品であれ、すべてが原料から製造されたものです。わたしたちには、製造品を置いておく家も必要です。建物も一種の商品で、建設業によって作られます。建設業は家を提供するほかにも、工場やオフィス、ホテル、駅や商店といった商業建築物も作っています。

サービス部門

　農業や工業が原材料を提供し、製造業や建設業が形のある商品を作るほかに、産業には形のある商品――買い手が実際に手に取り、しまっておけるもの――を作らない部門もあります。ここで提供されるのはサービスで、なかには形のある商品と密接に関わっているものがあります。たとえば運送会社は、農場や工場から商品を集めて客に届けます。小売業者も同様で、製造業者から商品を買い、店に並べて一般大衆に売っています。サービス部門には、髪を切るとかタクシーを運転するといったサービスを提供する人たちもいますし、健康管理や教育のような必須のサービスを提供する人たち、自動車修理やビルの維持管理をする会社もあります。わたしたちが毎日のように利用するサービスに含まれるのが、公共交通機関や電気通信、銀行や保険サービスなどです。それほど頻繁には利用せず、余暇に楽しむぜいたくとみなされているホテルや劇場、映画館などもサービス部門に入ります。

人に仕える

　今日、特に豊かな国々で、サービス業に従事する人の数は増加するばかりです。これは、農業や製造業のような古い産業が機械化され、より少ない労働力でよりたくさんの商品を作れるようになったせいでもありますが、社会が豊かになって余暇が増えるのにともない、わたしたちの要求が変化してきたせいでもあります。

資本財

わたしたちの目によくとまるのが、店で売っている消費財でしょう。これとはべつに、機械や建物、輸送機関など、産業を動かすために作られ、消費財やサービスを生み出すのに使われる商品を資本財と呼びます。

供給と需要

市場では、消費者と生産者が集まって商品を買ったり売ったりしています。取引が成立するということは、需要——買い手が欲しがる商品の量——と、供給——売り手が提供する商品の量——のバランスがとれているということです。しかし、供給と需要は商品の価格によって変動します。

> 物がたくさん提供されればされるほど価格はさがり、それによって多くの購買者を引きつけることになる。
> ——アルフレッド・マーシャル

取引をまとめる

昔の露天市では、商品の価格は決まっていませんでした。売り手は買い手が値切ることを見こしており、交渉を重ねるうちに双方が納得する価格に落ちつきました。買い手は、商品がほんとうに必要なのか、いくらなら出せるかを考え、売り手は、損をしない範囲でいくらまで価格をさげられるかを考えます。買い手と売り手のやり取りのなかで、価格と取引量が決まります。この取引は、提供される商品の量、つまり供給と、商品を欲しがる客の数、つまり需要に左右されます。市場を活気づけるのが競争ですが、売り手と買い手が1人ずつでは競争は生まれません。競争のある市場では、買い手は商品を見て歩いて価格を比較し、交渉材料にします。売り手はよそに勝つためにより低い価格をつけますが、品薄の商品に多くの買い手が集まればもうけを出すことができます。

価格：買い手が商品に支払う金額。
コスト：売り手が商品を市場に出すために支払う金額。

売り時、買い時

商品価格は供給と需要に密接に関わっています。小麦を例にとりましょう。収穫期には、製粉所が必要とする量を上回る小麦が農場主の手元にあります。供給が需要を上回って供給過多になるので、少しでも多く売るために価格をさげざるをえません。冬になっても小麦粉の需要は変わりませんが、農場主の手元には、製粉所が欲しがるだけの小麦がありません。製粉所は少々高くても小麦を買い取るので、価格はあがります。おなじことがすべての商品とサービスについて言えるのです。需要は変わらなくても、供給が増えれば価格

資源と企業

商品が品薄になると、買い手は競って買おうとし、価格は高くなる。

商品が供給過多になると、価格がさがって買い手を引きつける。

を与える場合もあります。商品が供給過多になると価格はさがりますが、安い商品は買い手にとって魅力的ですから需要は増加します。高い価格は買い手を遠ざけ、供給の増加を促します。

このような供給と需要、それに価格の上下のおかげで、競争のある市場では供給過多や供給不足が緩和されていきます。完璧な市場では、供給と需要のバランスがつねにとれており、それが商品の価格に反映されるのです。

はさがり、供給が減れば価格はあがります。供給が安定している商品の場合、需要の変化が価格に影響します。需要が減れば価格はさがり、需要が増えれば価格はあがるのです。

価格の影響

それとは逆に、価格が需要と供給に影響

需要を作り出す

商品の製造者は、需要があるところにつねに商品を供給しているわけではない。新商品を売る場合、供給者は需要を作り出そうとする。広告を出して消費者をあおり、必要かどうか、欲しいかどうかわからない商品を買わせようとする。それがバーゲン価格なら、消費者はなおさら買う気になる。

より価値のある物とは？

市場で売られる商品の価格は、供給と需要によって決まります。けれども、わたしたちがほんとうに価値があると思う物の価値は、ほかの物によって決まるのです。しかも、この価値はわたしたちの意思決定に影響をおよぼします。

水が希少で、ダイヤモンドが蛇口からポタポタ垂れてきたら……

少ない物ほど価値がある

おなじ商品でも、たくさん出回れば価格はさがります。どこででも手に入る物に価値がないのは当然のことです。いつでもどこでも手に入る、空気のような物は、"自由財"と呼ばれています。一方、金やダイヤモンドのように、めったにお目にかかれない物もあり、高いお金を払わなければ手に入りません。そういった希少な商品の供給は需要をはるかに下回っているので、"希少価値"があると言われ、少なければ少ないほど価値はあがるのです。

価値のパラドクス

たとえば石ころだらけの川岸を歩いていて、石のなかに光るダイヤモンドを見つけ、家に持ち帰ったとしましょう。価値があると思ったから持ち帰ったわけです。ほかの石よりも価値がある。川の水よりも価値がある。でも、この考え方は非論理的です。水はわたしたちが生きていくのに欠かせないものなのに、ダイヤモンドほど高い価値をつけません。ダイヤモンドはいますぐ何かの役にたつわけではないのに。この"価値のパラドクス"の答えはこうです。ダイヤモンドは希少価値があるけれど、水はそうではない。水は自由に手に入るし、ふんだんにあります。

何の役にたつのか？

わたしたちが感じる喜びや満足の度合いは、商品の種類によってちがいます。商品を持ったり使ったりして得られる満足を"効用"と呼び、それは消費する量によって異なります。たとえば、川岸を散歩してのどがかわいたときに飲んだ水の最初の1滴から得られる満足は、2口目、3口目よりも大きいのです。ダイヤモンドをはじめて見つけたときはわくわくしたのに、もうひとつ見つけようとおなじ川岸を探し回った末に2つ目を見つけたときには、それほど興奮しないものです。物を消費すればする

ギッフェン財

スコットランドの経済学者、ロバート・ギッフェン（1837-1910）が指摘した供給と需要の法則に適さない商品のこと。ギッフェン財の需要は、価格が上昇するとあがる。低所得者が、価格があがってもパンを買うのは、全体的な価格の上昇がある時点に達すると、パンより高い食品を買う余裕がなくなるからだ。

参照：38-39

> **あらゆる商品の価値は、人間の労働によって決まる。**
> ——カール・マルクス

ほど、限界効用——使うたびに感じる満足感——の度合いは低くなります。経済学では、1滴の水の限界効用は、2滴目3滴目と増えていくにつれ、減っていくと考えます。ダイヤモンドなら、増えれば増えるほど満足度は増します。

機会と時間

　物の価値を費用から考えていく方法もあります。ここで言う費用は価格ではなく、ある物を手に入れるために、あきらめたもののことです。手元にあるお金であたらしい自転車を買うか、自動車学校の費用を払うか決断をせまられたとします。自動車学校を選べば、あたらしい自転車を乗りまわす機会を失いますが、運転技術の習得はこの先ずっと役にたちます。あなたがあきらめたもの——"機会費用"——が、手に入れることにした物の価値を決めるのです。

　物のほんとうの価値は、それを作り出すのにどれだけの労働が費やされたかによって決まるという考え方もあります。つまり、車であれコンピュータであれ、製造品の価値は、製造に関わった人の数と費やされた労働の量によって決まるということです。これを"労働価値説"と呼び、最初に唱えたのはアダム・スミス（p.32参照）ら古典学派の経済学者でした。これはマルクスの経済学の重要な骨子にもなっています。おなじ量の労働とおなじ時間

……ダイヤモンドより水のほうが価値のある物になるのだろうか。

価値のパラドクス
ダイヤモンドのように実際の役にたたなくても、必要不可欠な水よりも高い価値をつけられる物がある。

世界最大の研磨済みダイヤモンドであるゴールデン・ジュビリー・ダイヤモンドは、重さは545.67カラット（109.13g）、値段は400万〜1200万ドル。

を費やして製造された商品には、たとえ種類が異なっても、おなじ金額が支払われるべきだというのが労働価値説です。ある物を作るのに、買い手が妥当だと考える以上の時間がかかっているとしたら、買い手は自分の手でそれを作ればいいのです。

産業の中心

"産業"と聞くと、機械がやかましい音をたてる工場を思いうかべるでしょう。18世紀に登場した重工業は、社会と経済を大きく変えました。今日では、技術の進歩が商品やサービスの作り方を大きく変えています。

賃金のために働く

参照：14-15, 36-37

工業機械が発明されるまで、たいていの人は、王侯貴族が所有する土地で働いていました。食糧となる穀物を栽培し、家畜を育てていたのは小作人でした。農業と、それより規模は小さいですが、金属や鉱物を採掘する鉱業が経済の根幹をなし、多くの貧しい国々ではいまもその状態がつづいています。機械化によって、社会は劇的に変化しました。製造所で小麦粉や衣類が大量に作られ、いろいろな製造品を大量生産できる工場が現れました。製造所や工場は雇用を生み出し、土地を耕すよりたくさんのお金が稼げると、多くの労働者が集まってきました。地方から仕事を求めて人々がやってきて、大産業都市が発展したのです。

> これまでに発明された機械をすべて使ったとしても、人間の日々の労役を軽減できるかどうかは疑問だ。
> ——ジョン・スチュアート・ミル

成長と繁栄

経済システムも変化しました。領主のために食糧を生産して、そのうちのいくらかを自分たちのためにとっておくより、工場や製造所で働けば賃金をもらえます。工場や製造所の所有者は、生産手段——建物や機械——を所有するあたらしい企業家階級を形成しました。生産手段は資本財と呼ばれたことから、その所有者は資本家と呼ばれるようになり、新しいシステム、資本主義が生まれました。製造業とそれにともなって生まれた資本主義は、イギリスからヨーロッパやアメリカへと広がりました。商品をより安く、よ

産業革命

18世紀のイギリスでは、科学的発見が飛躍的に増え、蒸気機関のような機械の発明によって、製造業に革命が起きた。機械化された作業所や工場や鉄道輸送の出現により、あらたな産業が生み出され、社会の経済構造は劇的な変化をとげた。

資源と企業

工業化は資本主義を後押しし、経済発展をもたらした。

産業は経済に力を与える

近代社会において、様々な産業——農業からオンライン・ビジネスまで——が商品やサービスを生み出し、経済の成長と繁栄に不可欠なものとなった。

ンターネットの発展により、ソーシャルメディアやオンライン取引などあたらしい産業が生まれました。豊かな国では、伝統的な製造業や農業がサービス産業に取って代わられたことから、"脱工業化"時代に突入したと言う人もいます。商品を生産するより輸入する時代です。しかし、経済の基盤がサービス産業であるような社会でも、家や食糧、製造品が必要なのは変わりありません。技術的にもっとも発展した国でさえ、輸出するためではなく自分たちで使うために、農業や製造業、建築業といった伝統的産業を維持しています。

参照：48-49, 56-57

り大量に製造できる機械化は、資本家階級に繁栄をもたらしました。産業革命以来、産業は効率を高めつづけ、社会はより裕福になりました。利益を得たのは製造業だけではありません。農業や鉱業、建築業も機械化が進み、コストを削減して増産が可能になったのです。産業の発展にともない、機械を円滑に動かすための建築や修理といったサービス、あるいは銀行や保険会社のような金融サービスの必要性が高まりました。社会が豊かになると、ぜいたく品とみなされてきた商品にお金を使えるようになり、かつては自分たちでやっていたことを代わりにやってくれるサービスも生まれました。

> 世界の労働力のおよそ40パーセントが、いまも農業に注ぎこまれている。

つぎは何？

20世紀も後半になると、電子テクノロジーがさらなる変化をもたらしました。コンピュータや情報テクノロジーが銀行のようなサービス産業に革命をもたらし、イ

株式会社

企業の多くは、会社の所有権を株の形で等分してお金を集め、ビジネスを発展させている株式会社です。民間に売りに出された株の持ち主を株主と言います。民間企業は株主の所有であり、実際に経営する役員を選ぶのも株主です。

有限責任

株式会社がビジネスに失敗して多額の負債を抱えても、株主が負うのは最初に投資した分のコストだけです。負債を負うのはあくまでも企業であり、これを"有限責任"と言います。ほとんどの国で有限責任を基準にしているのは、企業の負債を株主が負うことになれば、財政危機を恐れて株に投資する人がいなくなってしまうからです。

> 「企業の役員たちに、
> 他人のお金を、
> 自分のお金とおなじように
> 周到に監視しろというのは、
> 無理な話だ」
> ——アダム・スミス

株主

株主は投資の見返りに、企業の業績にしたがって"配当"を受け取ります。株主はまた、企業の経営方針に口を出すこともできます。役員たちが日々、企業を経営するのに対し、株主は、企業が安定した業績をあげられるよう影響力を行使することができます。急激に変化する今の市場には、株式を公開していない私(非公開)会社のほうが合っていると言えるかもしれません。

資源と企業

ケーキのひとかけら
お金を集めるために、企業は自らの一部を売りに出す。ひとかけらを買った人たちは株主と呼ばれ、経営方針に口出しできる。

倒産
負債を支払うことのできない企業には、裁判所が倒産を宣告します。これは刑罰ではなく法的地位で、裁判所が負債を整理し、債権者に支払えるお金を回収します。倒産した企業を厳しく罰すると、将来、投資家がそっぽを向く恐れがあります。その反面、負債を出した企業に甘くしすぎると、債権者がお金を出ししぶることになるのです。

1997年から2012年までに、アメリカの株式市場で取引された株式会社の数はおよそ半分にまで減少した。

資本を集める
企業は成長に必要な資本を広く集めるために、株を公開します。株主は株や社債を買うことにお金を注ぎこみます。株も社債も、株式市場や債券市場で自由に売り買いできます。つまり、企業そのものが商品として取引されるのです。

健全な競争とは？

自由市場でなにより大事なのは、売り手間の競争です。競争市場では、売り手が商品を売るために価格をさげざるをえないので、消費者の利益になります。それはまた、生産者にコスト削減と生産性の向上を促し、よりよい製品を作るあらたな方法へと結びつきます。

自由市場

競争社会から利益を得るのは消費者だけではありません。長い目で見れば、生産者も売り上げを伸ばし、より生産的な産業へと成長できるというメリットがあります。効率よい産業は、社会全体にとってもよいことで、さらなる繁栄と世界市場での競争力拡大が見込めます。自由市場の考え方は単純です。買い手と売り手が自由にやり取りして、すべての人の利益になる取引を結ぶことです。理論上はそうなりますが、実際には、一部の人たちだけが得をしないよう規則を作る必要があります。たいていの国に、取引を規制する法律があります——良心的でない売り手から消費者を守り、生産者の搾取から労働者を守るための法律です。

> 多くの売り手に対して買い手が1人しかいない市場を、買い手独占と呼ぶ。

独占
特定の製品の売り手が1人しかいないことを、独占と呼ぶ。独占する売り手は価格競争をする必要がないから、消費者は高いお金を支払わねばならない。競争がなければ、効率を追求する必要もない。

自由の度合いは？

市場は政府の規制からどの程度自由であるべきかについては、経済学者のなかでも意見が分かれるところです。企業は完全に自由な市場でなんの干渉も受け

市場に合わせる
自由市場経済では、企業はたがいに競争することでより効率的になり、消費者に最良の取引を提供する。

ずに操業すべきだ、という意見があります。自由放任主義経済と呼ばれるものです。その一方で、中央集権的計画経済のもとで、商品取引を政府が完全にコントロールすべきだという意見もあります。カール・マルクス（p.48参照）は、市場経済の不公平さを指摘しました。労働者階級の犠牲のもとに、資本家が利を貪っているというのです。その代わりとして彼が提唱したのは、生産手段（工場や作業所）を共有とし、商品の生産と配分を市場の力に任せるのではなく、中央で計画しておこなう共産主義社会でした。

中立の意見

マルクスが提唱した計画経済は、20世紀になって多くの共産主義国で採用されましたが、成功の度合いは国によってまちまちです。これに異を唱えたのが、オーストリア・ハンガリー帝国出身のルードヴィヒ・フォン・ミーゼスら西欧の経済学者です。計画経済は、供給と需要の変化に市場ほどすばやく対処できないので、膨大な供給過多やひどい供給不足を引き起こすというのがその論旨です。ほとんどの経済学者が中道の立場をとっています。イギリスの著名な経済学者、ジョン・メイナード・ケインズ（p.111参照）は、競争市場の強みを認めたうえで、経済の浮き沈み——とくに不況時の変動——の影響を和らげるために、政府が介入すべきだと論じました。

> 経済活動において、競争が完全になくなることはないが、完璧な競争はめったにあるものではない。
> ——ヨーゼフ・シュンペーター

参照：48-49, 52-53, 64-65

最良の価格で最良の商品を提供する

だれが責任をもつのか？

製造業の発達により、農業経済で隆盛をきわめた貴族領主は経済力を失っていきました。工場を所有するのは一族や個人、あるいは共同事業者でした。今日では、ほとんどの大企業は多数の株主の共同所有であり、役員によって経営されています。

一緒に参加する

共同事業主の考え方は産業革命以前からあり、店がいくつか集まって会社を作り、国際貿易をおこなっていました。製造業の出現で大量生産がはじまると、共同事業によって必要なお金を集め、利益を分配することが理にかなっていると考えられるようになります。職人や商店主、わずかな労働力を抱える作業所は、むろん残っていました。個人が集まって会社を作り、それぞれが株を持つ私会社も生まれました。多くの人を雇い入れて大量生産をおこなう大規模な工場は、大量の資金を調達する必要があるので、民間に株を売るようになります。株式会社と呼ばれるこのような民間企業の株を買うことで、投資家は、建物や機械を買い、賃金を払うためのお金を企業に提供するのです。その見返りとして、配当を受け取ります。株主は株主総会で役員の選出に一票を投じることにより、経営方針にも口を出すことができます。

分担するのはよいことだ

とは言っても、企業の日常的な活動となると、株主はほとんど口を出せません。どのように経営していくのかを決定するのは、株主によって選ばれた役員たちです。株主に益をもたらす才能を

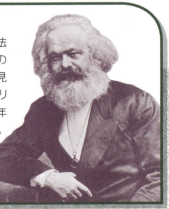

カール・マルクス

マルクスは現在のドイツで生まれた。法律と哲学を学んだのちジャーナリストの道に進むも、その社会主義的な政治見解のためにパリへ追われた。そこでフリードリヒ・エンゲルスと出会い、1848年に共著『共産党宣言』を書き上げた。マルクスはロンドンに移り、資本主義を分析し、自らの経済論を解説した『資本論』を書いた。

株 ⬆
大企業は株を持つ多数の投資家によって所有され、投資家は経営方法に口を出せる。

見込まれて選ばれた役員たちもまた、自社の株を持っています。持ち株の数がそのまま影響力の強さにつながるので、総株数の50パーセント以上を持つ人は、実質的に企業を支配できます。

しかしながら、大企業の場合、個人が過半数の株を所有することはめったになく、個人投資家ではなく、様々な株主が所有しているのがふつうです。投資会社や銀行、年金基金が株主になる場合もあり、役員と労働者が株主になっているところや、ほかの企業や政府が株主の場合もあります。

まぜこぜ

資本主義の自由市場においては、ほとんどの企業の株は個人投資家――個人や企業――の所有ですが、政府が株の何割かを持つこともあります。たいていは政府が支配利権をもつ産業に属する企業で、その場合、政府は株の過半数を持つか、企業を所有するかしています。そのような国有企業は、郵便や医療、公共輸送機関といった大事な便宜を提供したり、警察や防衛軍のような不可欠なサービスを提供しています。今日ではたいていの国が、"混合経済"の形態をとっており、民間企業と国有企業の割合は様々です。これは経済的理由はむろん、政治的理由によるもので、そこには資本主義（資本の個人所有）と社会主義、あるいは共産主義（国が製造手段を所有）のちがいが色濃く反映されています。

> 世界最大の雇用主はアメリカの国防総省で、被雇用者数は320万を超える。

> **資本主義のもとでは、人が人を搾取し、共産主義のもとでは、それが逆転するだけのことだ。**
> ——ジョン・ケネス・ガルブレイス

参照：42-43, 100-101

多くの人々が企業の一部分を所有できる

株式会社
資本所有者
取締役会
労働者協同組合
株主

提供者から消費者まで

原材料の提供者

商品の製造者

ビジネスのしくみ

　消費者の立場から見ると、企業は必要な商品やサービスを提供するために存在しています。しかし、企業の所有者や経営者にしてみれば、それは物語の半分にすぎません。彼らが商品とサービスを作り出すのは、お金をもうけるためで、細心の注意を払って経営し、利益をあげなければなりません。

> 利益か死か……
> 金をもうける方法は2つだけだ。
> 売り上げをあげること、
> コストを抑えること。
> ——フレッド・デルーカ、
> アメリカのビジネスマン

帳尻を合わせる

　個人商店から私会社、巨大な国際企業にいたるまで、企業は所有者や株主のために、製品を売って利益をあげています。作っているのが日用品であれ、製造品であれ、サービスであれ、企業の目的は利益を生むことです。つまり、使ったお金よりも、入ってくるお金のほうが多くなるようにしなければなりません。小さな会社の所有者でも、大企業の役員でも、経営側の仕事は製造コストと収入——製品を売って入るお金——のバランスをとることです。収入が支出よりも大きければ、企業は利益をあげますが、その逆だと損失を出します。

出て行くお金、入ってくるお金

　企業の経営者は、生産コスト——製品を作るのに必要なお金——で頭を悩ませています。製造業の場合、これには製品を作るための原材料——本を作るなら紙とインク——のコストと、労働者の賃金が含まれます。ほかにも、商品を消費者に届けるための運送費や光熱費、設備の維持修繕費、保険の掛け金などがコストに含まれます。企業は利益をあげたら政府に税金をおさめなければなりません。コストの反対側にあるのが、企業が製品を売って手に入れる収入です。経営がうまくいっていれば、収入を製造コストの支払いに使えます。しかし、あたらし

資源と企業

商品の販売者

消費者

原材料の提供から完成品の販売まで、
各段階で目的とされるのは利益をあげることだ。

く会社をはじめる場合、商品を作って売る前に、機械を買い、施設を整えるためのお金が必要です。既存の企業でも、生産を増やすために日々お金が必要になります。つまり、商品を売って得る収入以外に、企業は銀行から借金したり、株を売ったりしてお金を集めているのです。そうすると、銀行には利子を、株主には配当を支払わねばなりません。

利益をあげる

　商品を売って高い収入をあげるには、市場を特定しなければなりません。その商品をもっとも買ってくれそうな人たちを特定するのです。サービス部門の企業なら、消費者とじかに接することができますが、たいていの企業は完成品を消費者に売る仕事をしています。たとえば製造業者は、原材料を買って商品を作り、店におろし、消費者は店から商品を買います。この流れのなかで、何度も売り買いがおこなわれています。小さな企業なら所有者が経営者である場合が多いですが、大企業となると、経営能力のある人を雇って経営を任せています。彼らの仕事は利益をあげること、何を作ってどう売るかを決定することです。短期で利益を出すよう株主から圧力がかかりますから、経営者はえて

商品の販売で得る収入に占める利益の割合を"利幅"と呼ぶ。

して利益の追求ばかりに目を向け、利益を再投資にまわして生産性や労働条件の向上に努めようとはしません。経営者はまた、企業にとって何がよいかを長期的に考えるのではなく、自分たちが得することに目がいきがちです。

参照：52-53, 56-57

飴と鞭

経営者は、従業員が企業のために働くよう目を光らせなければならない。経営のプロ、ダグラス・マクレガーは、経営には2つの手法があると説く。Ｘ理論とＹ理論。つまり、従業員がちゃんと働かなければ罰を与えると脅し、よく働けばほうびを与えることだ。

効率的なビジネス

自由市場で成功するためには、競争に勝てる価格で商品を提供しなければなりません。成功の鍵となるのが、企業の生産性──商品やサービスをいかに効率的に生産するか──です。よい経営者は、生産コストを最小限にとどめることを可能にします。

参照：50-51

一度にひとつの仕事

経営者は生産性、つまり生産量に対するコストの割合を高める方法を模索しています。製造業が生まれたころに、アダム・スミスが、生産の効率性、つまり"分業"について述べています。製造品を作るには、異なる技能を必要とするいくつかの工程があります。スミスがあげた例は、ピンの製造です。針金をまっすぐに伸ばし、先を尖らせ、ヘッドを付け、磨く。労働者1人ですべてをこなすと、1日にできるピンは20本。これを分業にして何人もの労働者で作業を分担すれば、ひとつの作業に集中できるのでどんどん手早くなります。10人の労働者が分業すると、1日に数千本作ることも可能です──10人で200本作るのと比べ、生産性は飛躍的にあがります。

規模の拡大

規模の経済という観点から生産性をあげる方法もあります。工場で商品をたくさん作れば作るほど、1個あたりのコストはさがります。建物や機械などにかかる固定コストは、生産量がどれほどであろうと払わねばなりません。商品の数が増えるほど、コストは分散されるので、1個あたりのコストは安くなるというわけです。おなじように、原材料を大量に仕入れることでも、コストは減らせます。

> 労働の生産力が
> 最大限に改善されたのは……
> 分業の結果のように思われる。
> ──アダム・スミス

労働者1人にひとつの作業を与えれば……

もうひとつの生産コストが労働です。いまでは機械が多くの仕事をこなすようになりました。たった1人で操作する1台の機械が、何十人分もの仕事をこなします。企業が利益の一部を研究開発にあてるのはこのためで、設備の効率性を向上させる方法を探っているのです。貧しい国は労働力が安いので、豊かな国の企業は生産拠点を海外に移しています。

発想を変える

サービス産業は人的資源に拠るところ大なので、生産性をあげるのは難しいと言われてきましたが、情報テクノロジーが変化をもたらしました。企業は物価の高い都市に拠点を置く必要がなくなり、インターネットやメールを通じてサービスを提供できるようになったのです。高品質の商品を作ることに特化した企業は、伝統的な手作りであることを強調して売り上げを伸ばします。高いお金を払ってもよいものが欲しいという消費者のニーズに合えば、こういう企業は繁盛するでしょう。しかも高い価格で、高い生産コストをまかなうことができます。

> イタリアのベネチアの造船業者は、14世紀にすでに流れ作業で船造りをおこなっていた。

流れ作業

工場労働者は、生産ラインで仕事に従事している。商品は作業場からつぎの作業場へと生産ラインに載って運ばれてゆく。労働者が工具片手に移動するより、このほうが効率的だ。1913年、コンベアベルトでできた生産ラインが登場し、フォードのモデルTの大量生産に使われた。

➡ **多くの手**
労働者1人がひとつの作業をこなすほうが、1人ですべてをこなすよりも生産性は格段に高くなる。

生産工程はより効率的になる。

協同組合運動

協同組合とは、農民や消費者が集まって事業体を設立し、民主的に管理運営をおこなっている組織のことです。みんなで集まってやることで、メンバーは要求を満たすことができ、資本主義経済の枠組みのなかで、社会的利益を生み出すことができます。

銀行と信用組合

信用組合は、協同組織の金融機関で、職業や宗教など利害を共有する組合員に対してのみ預金の受け入れや、公正な利息での貸し出しをおこなっています。信用金庫は信用組合よりも規模が大きく、商業銀行と似ていますが、協同組織のための金融機関で、倫理的な投資方針をとっています。

労働者協同組合

労働者協同組合は、労働者自身が所有、管理する協同組合です。組合員全員によって民主的に運営されるか、選挙で選ばれた経営者によって運営されます。労働者協同組合は、利益をあげるためだけに運営される企業の代替物にすぎないと批判する人もいます。資本家に雇われるのではなく、労働者自身が資本を動かすことでより強い支配力をもつことができるのです。

オランダでは、住宅の3分の1ちかくが住宅協同組合の所有だ。

資源と企業

住宅協同組合

住宅協同組合は、そこに住む人に代わって住宅用財産を所有し運用しています。組合員はそこにお金を預けておくことで、個人では手が届かない良質の住宅とサービスを手に入れることができます。組合員が抜けると、経営者が組合員に代わってあたらしい入居者を選びます。多くの人にとって、住宅協同組合は相応の住宅を手に入れられるよい方法です。

消費者協同組合

消費者協同組合は消費者が所有する事業体です。大勢で集まって大量に仕入れをすればお金の節約になり、利益の追求に走る小売店を排除できます。組合の目的は、商品を売って最大限の利益をあげることではなく、組合員にできるだけ安い商品を提供することです。世界最大の消費者協同組合はイギリスにあり、商店や保険、旅行代理店、葬儀屋、それに銀行サービスまでおこなっています。

⇧ **一緒に働く**
個人が集まって協同組合を結成すれば、数の力を行使することでよりよい取引をおこなえる。

「協同組合は、
経済的妥当性と社会的責任を
同時に追求できることを
国際社会に教えてくれている」
——第8代国連事務総長　潘基文

働いてお金を稼ぐ

サービス産業はもちろんのこと、製造業も建築業も農業も、商品を作り、サービスを提供するために労働者を必要としています。ほかの資源と同様に、労働も売り買いされます。労働者は時間と技能を提供し、雇用者は賃金や給与を支払っているのです。

仕事に値段をつける

自営業者や共同事業主をのぞけば、どんな企業であれ労働者を雇う必要があります。そしてたいていの人々が、生活費を稼ぐための雇用を求めています。ここに供給と需要が生まれます——雇用者は仕事を提供して人的資源を求め、労働者は労働を提供して仕事を求めます。企業と労働力が出会う場が"労働市場"です。市場の名のとおり、供給と需要が価格を決めます。この場合は、労働価格つまり、支払われる賃金や給与の額です。雇用者は当然ながらコストを最小限に抑えようとして賃金をさげ、労働者はできるだけ高い賃金を求めて交渉をおこないます。労働もほかの商品とおなじで供給過多になれば価格はさがりますから、雇用者は低い賃金で人を雇うことができます。熟練を要しない労働で、人口の多い場所ではよくあることです。反対に、特別な技能をもつ労働者は数が少ないので、高い賃金で雇われるのがふつうです。

仕事のバランス

労働市場は人的資源を配分する場です。つまり、労働者に仕事を、雇用者に必要な労働力を提供する場。完璧な労働市場がある理想的な世界なら、どちらの側も利益を得ることができますが、現実はそうはいきません。労働と仕事が完璧に配分されることなどないのです。熟練を要

参照：50-51, 126-127

労働者の権利

雇用者はときとして、労働者に安い賃金と長時間労働を押しつけることがある。労働者は搾取から身を守るため、労働組合を結成する。組合があれば、労働者は労働条件について雇用者と集団交渉できる。交渉の取引材料として使われるのが、職場を放棄するという究極の脅し——ストライキ——だ。

機械工

25,000ポンド

しない労働者ばかりが多く、全員にいきわたるだけの仕事はなく、たとえ欠員がでても必要な技能を備えた労働者が不足している国があります。こうなると、雇用者は余分なお金を払って労働者を訓練しなければなりません。豊かな国は、これとは逆の問題を抱えています。せっかく高度な技能を身につけた労働者がいるのに、専門職に空きがなく、せっかくの技能を生かせぬ安い仕事をせざるをえないという問題です。

失業

仕事と労働者のアンバランスは、失業を生みます。たとえば観光業のような、仕事が特定の季節に偏る職種では、労働者は停滞期に仕事を失います。また、生産過剰のせいで失業する場合もあります。商品がだぶつけば、企業としてはそれを生産する労働者は必要なくなります――テレビや計算機のように、時代遅れになって需要が落ちこむ商品もあります。

> 経済学は雇用をもたらしてくれるという点で、経済学者にとってひじょうに有用だ。
> ――ジョン・ケネス・ガルブレイス

機械化も失業の原因です。仕事ができるしやる気もある人々が、仕事を見つけられない状況はいつでも起こりえます。失業率――仕事にあぶれた生産年齢人口の割合――は、国によってばらつきがあり、その国の経済状態を示す指標となります。しかし、失業率が表すのは、仕事数より働きたい人の数が多いということにすぎません。この数字からは、季節的産業に従事していて一時的に失業している人がどれほどいて、長期間失業している人がどれほどいるのか、細かいところまではわかりません。それに、失業率は、労働者の技能と仕事の不つりあいを説明するものでもないのです。

若年層（14-28歳）の失業率は、成人全体の失業率よりはるかに高い。

職務給

理想的な労働市場では、仕事を探す労働者は雇用者が求める技能をもっている。高い技能をもつ労働者や、珍しい技能をもつ労働者は、より高い賃金を要求できる。

労働市場には、技能に見合った求人がある

100,000ポンド

大量消費社会

消費者が商品やサービスを買いたがらない、あるいは消費したがらなくなったら、供給者は存続の危機にさらされます。豊かな国にはぜいたく品にお金を使う余裕があり、消費者はつねにもっと物を買えとあおられます。これが"消費社会"です。

ブーム

18世紀の産業革命で出現した製造業は、物作りのやり方を大きく変えただけでなく、わたしたちの生活もがらっと変えました。産業化社会は繁栄をきわめ、とりわけ工場の所有者である新興の資本家階級は、増える一方の商店に商品を供給して富を蓄えました。しかし、商品には買い手が必要です。富の大半は資本家へと流れ、労働者はあたらしい産業に職を求め、賃金を受け取っていました。町や都市には生活必需品を求める人々が増えつづけ、ぜいたく品を買いたがる金持ちの企業家も増えつづけました。そうなると、市場——そういう品物の供給と需要——は拡大します。需要の拡大にあわせて生産は増加し、企業は効率的な生産方法を見いだしてより多くの生産品を供給し、産業化社会の経済は発展しました。需要の拡大で日用品の価格はさがり、生産者は顧客を奪い合って競争は熾烈をきわめました。

ショッピング熱

産業化社会の発展は、大衆に商品を売る小売業者にも繁栄をもたらしました。産業が盛んな町や都市の人々は、郊外の農産物直売マーケットに出かけるより、地元の店で買い物をするようになりました。都会の中心地にはショッピング街ができ、それがインドアのショッピング・モールへと進化しました。人々が消費するお金をたくさん持つにつれ、製造業と並んで小売業も発展をつづけました。個人商店の多くが規模を拡大し、品揃えの豊富なデパートやスーパーマーケットになったり、いろんな町に支店を持つチェーンストアになりました。豊かな国では、都市郊外に大型ショッピン

世界最大のショッピング・モール、ドバイ・モールの広さは111万5千平方メートル、店舗の数は1,200だ。

買って、買って、買いまくる
人は豊かになると、生活必需品を買ってもお金が余るようになる。そして、これを消費財に使うことが奨励される。

> 消費はあらゆる製品の究極の目的である。
> ——アダム・スミス

グ・センターができています。個人商店がいまや大企業となり、たくさんの人を雇い入れています。小売業者は、なんとか客に商品を買わせようと躍起になります。わたしたちはみんな顧客予備軍であり、もっと消費するよう、お金をもっと使うようつねにたきつけられます。このように、商品の製造より消費に重きを置くことを、"消費主義"と呼びます。小売業者は買い物を少しでも楽にするため、テレフォンショッピングやオンラインショッピングを提供し、ショッピングを雑用ではなく楽しい活動と思わせるための演出に余念がありません。

見せびらかし

わたしたちが買う商品は、ほとんどが必要な物か生活を楽にするためのものだ。しかし、経済学者のソースティン・ヴェブレンは、ステータスシンボルとしての買い物に気づいた。お金があることを見せびらかすための買い物の一例がロールスロイスで、これを"ヴェブレン財"と呼ぶ。

人生のささやかなぜいたく

豊かな国では、人々は生活必需品を買っても余るお金を、必要な物より欲しい物に使っています。喜びをもたらす物を買うだけでなく、人々はサービスにもお金を払います。たとえば洗濯や掃除、理髪や美容トリートメントなど、かつては自分たちでやっていたことを、お金を払ってやってもらっているのです。その結果、余暇はますますふえ、趣味を楽しんだり、レジャーにお金を使ったりできるようになりました。

どうしても必要というわけではない物を買うことは、ある種の息抜きになりつつある。

参照：36-37, 130-131

目玉商品

客の注意を引く方法のひとつが、特売品です。スーパーマーケットでおなじみの安い商品がそれです。"目玉商品"と呼ばれるこれらの商品で客を呼び、ほかの商品も買ってもらおうという作戦です。客に定価より安くなる定期購入の契約を結ばせて、初回にかぎり半額にする、という売り方もあります。

余暇

テクノロジーの発達で、わたしたちの余暇は確実に増えています。しかし、そのせいで仕事にあぶれる人が出てくるのも事実です。就業時間が減れば収入も減るので、以前と変わらず長時間労働をする人もいます。減っている求人に、より多くの人が群がっているのが現状です。

実生活のなかの 資源と企業

サービス社会

先進国の町や都市には、オフィスや店舗、レストランが軒を並べていますが、伝統的な産業は見当たりません。そこに重なるのは、サービス業を基盤にした"脱工業化社会"のイメージです。しかし、商品を提供する製造業や、食糧を供給する農業が必要なことはいまも変わりないのです。

世界のどこにあるのか

天然資源は偏在しています。ある場所では豊富にとれるのに、別の場所ではほとんどとれない。水が自由に手に入る国があれば、水を手に入れようと人々が争う地域もあります。石油や鉱物といった資源を持つ国は、強い政治的影響力を有します。

資源と企業

多すぎる選択肢

競争があれば、生産者は安い価格でよい物を提供せざるをえません。しかし、消費者は選択肢が多いと、似たような商品のなかから何を選べばよいのかわからなくなります。ほとんど差がない商品のなかから、よい選択をするのは難しいものです。

時流に遅れない

テクノロジーはいまだかつてない速さで進化しており、生産者は最新の商品を買わせようと必死です。とくに電気製品はすぐに時代遅れになります。去年、高額で売られていたスマートフォンも例外ではありません。あたらしい機種が売り出されれば、問題なく使えていても、なんの価値もなくなります。

供給者が市場に売りにだす商品やサービスを、わたしたち消費者は買っています。売りにだされる商品の価格は需要によって決まります。このことは、資源の使い方や、だれが何を取るか、どんな産業を発展させるかということにつながります。

市場の適所

新規に商売をはじめたり、あたらしい商品を売り出すとき、大事なのは競争力です。似たような商品がすでに売られている場合、よい商品を作ればいいというような単純な話ではなくなります。いまだに満たされていない需要が市場のどこにあるかを見極めなければなりません。つまり、市場における適所です。

大企業

大企業との競争にさらされると、多くの小企業は操業を停止するか、大企業に吸収されるか、ふたつにひとつです。ひとつの国よりも豊かな大企業もあり、政府も無視できません。

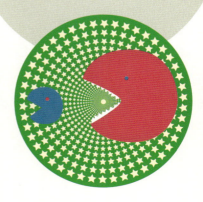

お金は世界を
まわしていけるのか？

- 余計な口出しはしない
- 自由貿易
- イッツ・ア・スモール・ワールド
- 経済の浮き沈み
- 市場が機能しないとき
- 税金問題
- 未来はどうなる?
- リスキーなビジネス
- 情報に通じたギャンブル
- 貪欲は善か?
- 正しい判断をくだす
- 地球を犠牲にしている

貿易は数千年前からおこなわれていましたが、輸送手段やコミュニケーションの発達で、国際貿易は国の経済にとって重要なものとなりました。グローバリゼーションの名のもとに、多くの企業が海外に進出しました。世界中が豊かになった反面、世界規模の産業の広がりは、深刻な環境問題を引き起こしています。

余計な口出しはしない

供給と需要がつりあえば、生産者も消費者も利益を得ることができます。理論上はそうですが、実際のところそううまくはいきません。一部の人たちだけが得をしないよう、市場を監視する規制が必要です。

完璧なバランス

市場で買い手と売り手の取引がつねにまとまり、供給と需要のバランスが完璧にとれているのが理想です。余計な口を出さなくても、市場が自らを規制すればいいのですが、現実はそうなりません。どの程度まで市場の自主性に任せ、どの程度まで口を出すかは、経済学者のあいだでも意見が分かれるところです。自由放任主義の経済学者が唱える、政府はいっさい介入しない完全に自由な市場は極端な例ですが、その対極にあるのが、マルクス主義経済学者──カール・マルクス（p.48 参照）の理論を信奉する人たち──が唱える、政府が百パーセント介入するという考え方です。このふたつのあいだに位置する主流派が考えるの

> 供給が需要を生み出す。
> ──ジャン＝バティスト・セイ

市場の活動をさまたげる規制が多すぎるのでは？

⬆ **より安全な道**
道路交通法が車の流れを減速させつつ、安全性を高めるように、市場の規制は企業の動きを制限しつつも、より公正な活動をおこなわせる。

が、市場システムの欠点を補うために、政府が介入してある程度の規制を設けることです。どこまでの自由を与えるか、政府はどこまで介入するかについては、議論百出です。

自由思想

自由市場を提唱する経済学者は、規制は不必要だと言います。企業が進める技術革新を妨げるものだからです。法律が企業の活動をしばるというのは事実としても、殺し屋がサービスを提供することや、依存性のある薬物を売ることを規制する法律に異議を唱える人はいません。企業に課せられた規制のなかには、詐欺や買収、欠陥品の販売といった犯罪行為を禁止するものもあります。

企業は最大限の利益を生むため、あるいは自分たちや株主のために、自由に行動できることを望みますが、政府は大衆の利益のため、国の経済全般のために行動しなければなりません。たとえば、貧しい人たち向けの教育や医療といった公共サービスを維持するのに必要だとわかっていても、企業は税金を重荷と感じています。多くの国には、不公平な取引を規制して消費者の権利を守り、公平な賃金と労働条件を提供するよう企業を監視するための法律があります。

自由市場の欠点は、景気変動を招くことです。政府が介入すれば、景気変動を最小限におさえ、財政危機を回避することが可能です。輸入品に関税をかけ、外国企業と競争できるよう助成金を出すといった政府の介入は、企業にとっても有益なのです。

自由か平等か

自由市場か、政府の介入かという議論の根底には政治があります。リベラルな国に多い規制のない市場では、人々に選択の自由が与えられる代わりに、不平等な社会という代償を払わねばなりません。一方、社会主義国の中央管理型経済では、より公平な富の配分がおこなわれる代わりに、多くの規制が設けられます。"混合経済"でも、時間とともにバランスが変化するので、1980年代以降、自由放任主義が世界の主流となりました。

社会主義国の北朝鮮の経済は、世界一厳しい中央管理型だ。

実験失敗?

20世紀、商品とサービスの生産を規制する共産主義政府があちこちで誕生した。ほとんどの場合、中央管理型経済は破綻した。需要を満たせず、商品の生産過剰と供給不足を生み出したのだ。この失敗は自由市場の必要性を証明するものだというのが、大方の見方だった。

市場と取引

参照：14-15, 32-33, 38-39

自由貿易

商品やサービスのなかには、国内で生産されて売られるものばかりでなく、海外で売られるもの、海外から入ってくるものがあります。国と国との貿易は数千年前からおこなわれ、自国で生産できない商品を輸入し、需要がよそにある商品を輸出してきたのです。

参照：32-33, 48-49

何がどこで必要とされているか

国内では、いろいろな商品の生産者同士が取引をおこない、必要とされる場所に商品を届けています。たとえば、食糧は農村から町や都市へと流れる一方、農村に住む人たちは、産業地域で生産される製造品を必要としています。世界に規模を広げてもおなじことです。特定の穀物の生育に適した気候の国があり、石油や鉱物といった天然資源が豊富な国があり、特定の商品を作る技術が発達している国があります。貿易を通じて、各国は生産物を、必要としている国に届けます。このような国際貿易は古代文明発祥の地ではじまり、貿易ルートが築かれて商品が世界中に運ばれるようになるにつれ、貿易は国の経済にとって重要性を増していきました。産業革命（p.42参照）以前、大きな会社を経営していたのは、生産者ではなく商人や国際貿易商でした。

> シルクロードは、1500年以上前の貿易ルートで、中国とインド、アラビア、ヨーロッパを結んでいました。

強みを生かす

製造業の発達にともない、国の経済に果たす国際貿易の役割は増大しつづけました。資源不足のせいで国民が必要とする商品を作れないといった具合に、一国で完全に自給自足するのは事実上不可能です。そのため

⬇ 商品としての食糧
農業は得意だが製造業が強くない国は、あまった食糧をほかの国に売り、車のような商品を輸入すればいい。

必要な商品を手に入れるために、生産物を輸出する

に、お金やほかの国が必要とする商品と引き換えに、よそから輸入します。必要な商品を生産できない理由は、資源不足だけではありません。自分たちで作るより、よその国から輸入したほうが安い場合があります。農業国でも車のような製造品を作れないことはありませんが、そういう国の自動車産業は小規模で非効率的です。しかし、農産物は豊富にあるので外国に売ることができます。おなじように、車をより効率的に低価格で作れるけれど、食糧を十分に作れない国もあります。農業国がお金と労働力を、得意とする農業から車の生産に向けるのは、まちがいといえるでしょう。経済学者デヴィッド・リカード（上のコラムを参照）の用語を使えば、農業に"比較優位"をもつ国は、それに特化したほうがよいのです。

> 経済学者の主義は、たいてい肯定的なものだ。たとえば「わたしは自由貿易を提唱する」
> ——ポール・クルーグマン、アメリカの経済学者

デヴィッド・リカード（1772−1823年）

ロンドン生まれのリカードは、父親とおなじ株式仲買人の道へ進んだ。ワーテルローの戦い（1815年）の前に国債を売って大もうけしたのち、政治家に転身した。著名な古典学派経済学者の一人として、1817年に『経済学および課税の原理』を著した。

資産を守る

国際貿易はつねによいことばかりではありません。輸出でお金が入ってくれば、輸入でお金がでていきます。輸出額より輸入額が多ければ赤字となるので、政府は輸入制限をしようとするでしょう。おなじ物を自国で生産することは可能ですが、高くつきます。外国との競争から自国の生産者を守るために、輸入品にかける税金、つまり関税をかけて価格をあげる国もあります。このような"保護主義"に反対の経済学者もいて、政府の規制のない自由な国際貿易を進めるべきだと主張します。

参照：68-69, 104-105

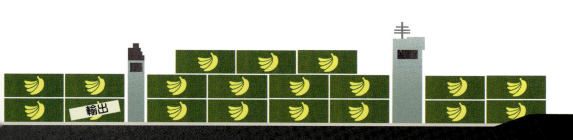

イッツ・ア・スモール・ワールド

国家が生まれると、国際貿易もまた生まれました。最初は隣り合った国同士の貿易でしたが、船や鉄道、道路、飛行機が商品の輸送を楽にした結果、世界中に広がっていきました。いまでは、安くて頼りになる輸送機関とコミュニケーションのおかげで、ビジネスは真にグローバル化したのです。

参照：34-35, 52-53, 66-67

より大きな市場

今日、世界には200ほどの国があり、近代的な輸送機関がわたしたちを世界のどこへでも運んでくれるし、電話やインターネットでだれとでもコミュニケーションをとれます。輸出のための商品やサービスを作り出す企業は、グローバル市場でより多くの潜在的顧客を得られるようになりました。市場経済の発達にともない、グローバル市場経済が出現しつつあります。ある程度の政府の規制がある自由市場が、供給と需要のバランスをとるもっとも効率的な方法だという考え方は、グローバル化された貿易にもあてはまります。国と国は相互の利益のために貿易をおこない、国同士の競争が生産性と公正な価格を実現するのです。しかし、市場のつねとしてある程度の規制は必要です。たとえば、特定の商品に関税をかけたり、特定の国との貿易を禁止するといった具合です。いくつもの国が参加して自由貿易地域を作り、地域外の国々との貿易を厳しく規制する場合もあります。

企業は世界中のどこでも活動できる

→ **グローバル・ビジネス**
大企業は本社を先進国に置くのがふつうだが、生産拠点を発展途上国に移して輸送や労働コストをはぶいている。

本社　子会社

グローバリゼーション

自由貿易が世界に広まるにつれ、グローバル化（グローバリゼーション）の波は着実に広がっていきました。大企業はこの機を逃さず、世界中に顧客をもつようになりました。スーパーマーケット・チェーンやファーストフード・レストランは、他国に系列店をオープンさせて商品やサービスを売っています。

大企業のなかには、海外で自社の製品を売るだけでなく、現地で生産までおこなうところもあります。このような多国籍企業は、たいてい先進国に本社を置いていますが、実際に製品を作っているのはそこではありません。生産拠点を海外に置くメリットはいくつかあります。製品を買ってくれる国で作れば、輸送コストを削減できます。原材料を輸入するコストもかかりません。一番のメリットは、賃金の安い発展途上国で生産すれば、労働コストを節約できることです。

> 1602年に設立されたオランダの東インド会社は、世界初の多国籍企業と考えられている。

> **アメリカがくしゃみすると、世界中が風邪をひく。**
> ——作者不明

だれがもうけるのか？

多国籍企業は、いろいろな国で生産をおこない、製品を世界中で販売しています。貿易額が一国の歳入を上回ることもあります。ビジネスがグローバル化すれば、いろいろな国で人を雇うことになりますが、アメリカの多国籍企業は、経営陣も株主もアメリカにいるのがふつうで、そこに利益が集まっているのです。

参照：104-05, 110-11

労働力の移動

国と国とが商品を自由にやり取りする国際貿易の発展にともない、グローバリゼーションは広がった。その一方で、よその国に働きにいくといった労働力の移動は、それほど活発ではない。多くの国が、自国の労働者を守るために移民を制限しているが、移民の労働力は経済の活性化につながるという意見もある。

経済の浮き沈み

参照：50-51, 126-127

先進工業国の人々は、この200年で生活水準が飛躍的に高くなったのを目の当たりにしています。経済成長のおかげです。国の富が段階的に増えるのは、市場経済の恩恵のひとつですが、経済には浮き沈みがあり、安定的成長とはいえません。

> 限りある世界で、急激な成長を
> ずっとつづけられると信じるのは、
> 狂人か経済学者だ。
> ——ケネス・ボールディング、イギリスの経済学者

バランスを失う

理想の世界の"完璧な"市場では、つねに供給と需要のバランスがとれています。しかし、現実の市場は不安定なものです。供給と需要のレベルに影響を与える要因は、市場のそとにもたくさんあります。たとえば、アイスクリームは暑い日には売り切れても、冬には客が寄り付きません。スマートフォンの最新モデルが発売されれば、旧モデルは売れなくなります。

つまり、市場の活動はつねに変化するということです。全体的に見ればわずかな変化かもしれませんが、好景気がつづいて市場が発展することもあれば、供給と需要のバランスが崩れてビジネスが下降線をたどることもあるのです。この浮き沈みには一定の

> 経済活動がゆっくりになることを"景気後退"と言うが、それが長期にわたると"不況"と呼ばれる。

市場の浮き沈み
市場の経済活動は安定しておらず、浮き沈みがある。市場のそとの環境が供給と需要に影響を与え、成長と下落につながる。

経済成長は、あがったりさがったりするローラーコースターのようなもの

パターンがあるわけではなく、環境の変化に影響されます。これをビジネス・サイクルと呼びます。経済活動——市場の取引量——は、あがったりさがったりを繰り返します。成長と発展の期間が、下落と後退の期間に入れ替わるのです。全体的に見れば、供給と需要が増えるにつれ、市場は徐々に拡大——経済成長——する傾向にあり、生活水準を引き上げることにつながっています。この経済成長が雪だるま式に膨らむのが経済ブームで、反対に経済成長がにぶったり、下降すると不景気になります。

好景気と不景気

長期的に見れば成長しているとはいえ、"好景気と不景気"を繰り返す市場経済の不安定さは、大きな欠点です。これは自由市場に政府が介入する大きな理由にもなっています。

つい最近まで、市場経済は、浮き沈みがあっても成長をつづけ、生活水準を引き上げる、とおおかたの経済学者は信じていました。これは人口がもっと少なかった時代、天然資源を無期限に使いつづけられると思われた時代に提唱された考え方です。しかし、環境保護主義者のおかげで、わたしたちは気づきました。資源は有限であり、一度失ったら二度と取り戻せないことに。

経済が成長すれば、より多くの資源を消費します。成長を維持するのに必要な物の供給はしだいに減少しますが、人口は増えつづけ、人々は生活水準をあげろと要求します。石油やガスや石炭は、埋蔵量が減っていることもですが、それを使うことで環境問題を引き起こし、経済に重大なダメージを与えています。過去2世紀にわたってつづいた生活水準の持続的な向上を、この先もつづけていくことはできない、と環境保護主義の経済学者は言います。今後は、経済発展を望む代わりに、消費を抑えて再生可能な資源を使うことで、環境破壊をせずに持続できる経済を達成すべきなのです。

ウォール街大暴落
20世紀を象徴するような好景気、不景気の例として、ウォール街大暴落があげられる。1920年代、ウォール街の株式市場は、アメリカの伸びつづける経済を反映して好景気に沸いていた。だが、1929年、状況は一変して大恐慌がはじまり、以後10年間つづいた。

バブル経済

バブル経済とは、市場が狂乱状態になることです。株こそつぎの目玉商品だとばかり、人々は買いに走ります。うわさが広まって人々が買いあさると、価格は跳ねあがります。株価が一時的に高くなりすぎると、投資家は臆病風に吹かれて手を引きます。信用はさがり、株価は暴落し、バブルがはじけます。

チューリップ・バブル

1630年代に、オランダの中産階級がチューリップ投資に熱狂した出来事で、世界初のバブル経済と言われています。事の発端はトルコから輸入された、色とりどりのチューリップがオランダの庭で美しく咲き誇ったことです。チューリップはあっという間に、裕福な家庭になくてはならない物となり、球根の価格は急上昇しました。しかし、ある日をさかいに買い手がつかなくなり、チューリップ・バブルははじけ、巨万の富が失われたのです。

南海泡沫事件
（サウス・シー・バブル）

バブル経済は、1720年に起きた株の大暴落がその語源です。イギリス政府は南海会社に、国債を引き受けさせる見返りとして、一見有利な貿易独占権を与えました。南海会社の株は急騰し、投資家は大もうけをしました。南海会社はほかの事業にも手を出したものの、本業である南アメリカとの貿易はいっこうにめどがたたず、ほかの事業も実を結ばないまま、株は暴落しました。

バブルがはじけると

特定の商品やサービスを作り出す企業の株がいっせいに買われ、バブル経済となる。市場は加熱し、投資家たちは引きあげ、バブルははじけて株価は急落する。

群集心理

1841年、スコットランドのジャーナリスト、チャールズ・マッケイは、バブル経済を生み出したのは"群集心理"である、と論じました。驚いてどっと逃げだす野牛の群れのように、人は集団になるとほかの人の行動にのみこまれてしまう、という考え方です。行動経済学者で心理学者のダニエル・カーネマンは、バブル経済の出現を予測するために、群集の行動に焦点をあて、貪欲や恐怖といった感情が株式市場をどう動かすかを研究しました。

> 「群集心理とはよく言ったもので、人間は群れると頭がおかしくなり、理性を取りもどすには長い時間がかかる。それもいっせいにではなく、一人また一人と」
> ——チャールズ・マッケイ
> 『狂気とバブル——なぜ人は集団になると愚行に走るのか』の著者

ドットコム・バブル

21世紀は、"ドットコム"バブルがはじけて幕を開けました。インターネットは一夜にしてビジネスのやり方を変えると確信した投機家たちは、電子商取引企業の株に飛びついたのです。なんの実績もない企業に、数億ドルの投資がおこなわれ、株価は急騰しました。しかし、その価値はまったくの幻想にすぎなかったのです。バブルははじけ、株価は急落しました。

2000年から2002年のあいだに、インターネット企業に投資された7兆ドルはあとかたもなく消えた。

市場が機能しないとき

市場は、商品とサービスを必要とする人、欲しがっている人に分配するよい方法だと一般に考えられています。供給者が提供し、消費者が買う——この取引ですべての人が利益を得ます。しかし、市場はつねに効率的に機能するわけではありません。

不公平な取り組み

市場が、商品とサービスをうまく分配できない原因はいくつかあります。自由市場において、これは避けられないことなのです。政府の介入や規制なしに、市場は自由に活動すべきだと経済学者は考えていますが、実際にはそううまくいきません。問題のひとつは、取引の当事者、売り手と買い手がつねに対等ではないということです。売り手は、商品について、買い手の知らない情報をもっているかもしれません。たとえば中古車の販売者が、じきに高額の修理が必要になることを知っているのに、買い手がつかなかったり買い叩かれると困るので、それを黙っていることもありえます。買い手のほうが有利な場合もあります。そこに油田が眠っているという情報を手に入れ、所有者が知らないのをいいことに、安く買い叩く買い手もいます。これを"情報の非対称性"と言います。こういう不公平はどんな市場にも存在しますし、それを利用しない手はないと思うのが人間です。市場を公平な場にするため、多くの政府は情報開示を規制し、公開されていない情報を利用する"インサイダー取引"を禁じる法律を定めています。

完全な支配

市場に競争がないと、不公平が生じます。専売、つまり特定の商品の売り手が1人だけだと、買い手に選択肢はなく、売り手の言い値で買わざるをえません。供給者が数人いたとしても、カルテルと呼ばれるグループを作り、価格競争をしない協定を結ぶ場合

> 気候変動は、もっとも大きく、もっとも幅広い市場の失敗を引き起こす。
> ——ニコラス・スターン、イギリスの経済学者

参照：34-35、48-49、66-67

打ち上げ花火のような公共財は、市場で取引できない。

入場料はここで払って

市場と取引

ただ乗り
花火は数キロ先離れた場所からも見られるので、公園で開かれている花火大会の入場料を払っていない人たちは、払った人たちの犠牲のうえに"ただ乗り"していることになる。

があります。すると、買い手は思っている以上の金額を払わねばならず、売り手は不当な利益を得ることができます。

だれが支払う？

市場の失敗のなかには、それほど目立たないものもあります。買い手も売り手も取引に満足していても、ほかのだれかが犠牲になっているかもしれません。ある取引が無関係なだれかの負担になったり、傷つけたりすることを"外部性"と言います。たとえば、あなたがエレキギターとアンプを買うとします。あなたはその取引に満足し、店もそれで利益を得るでしょう。しかし、あなたの家族や隣人は、あなたが出す騒音に悩まされるかもしれません。企業は消費者が求める商品を作り、両者ともそれで恩恵をこうむるとしても、企業の工場が出す汚染を除去する必要があります。その費用はたいてい税金でまかなわれます。これもまた市場の失敗と言えるでしょう。商品のなかには、人がそれをただで使うのを阻止できないものもあります。たとえば、花火を打ちあげるとして、舞台となるのはだれもが見られる空です。花火を見て楽しむすべての人にチケットを買わせるのは無理な話です。つまり、打ち上げ花火の準備費用を回収するのは困難です。こういう不公平さを"ただ乗り"と言い、街路灯や道路や灯台のようなみんなが使う公共財は、営利企業ではなく政府が提供すべきなのです。

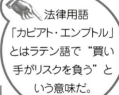
法律用語
「カビアト・エンプトル」とはラテン語で"買い手がリスクを負う"という意味だ。

国の補助
多くの国で、政府は公共財を提供するのに、税金を使うか、国営企業に任せるかしている。あるいは、補助金の形で企業にお金を払い、クリーンエネルギーのような利益をあげるのが難しい商品やサービスを提供させている。

税金問題

参照：44-45, 48-49

　政府の役割とは、国民に防衛や教育といったサービスを提供し、面倒をみることです。そのためにはお金が必要で、収入源は国民が支払う税金です。国民が税金をいくら払うか、決めるのは政府です。

防衛費、治安維持、教育、医療、福祉、インフラ、それに海外援助は税金で支払われる。

わたしにどんなメリットがある？

　ほとんどすべての人が、何らかの形で税金を払っています。わたしたちは税金を払うことで社会に貢献しているのです。税金の使い道のなかで大きな割合を占めるのは、軍隊や警察のために使われるお金でしょう。国が提供するサービスはこれらばかりではありません。学校や病院、それに緊急サービスである消防も含まれます。民間企業が作っても利益のでない道路や街灯といった公共財のためにも、税金は使われます。貧

市場と取引

← 税金を払う
わたしたちが稼いだお金の何割かは、税金として政府におさめられ、社会のためになる公共財を提供するために使われる。

> **この世でもっとも理解したがたいこと、それは所得税だ。**
> ——アルベルト・アインシュタイン、ドイツ生まれの物理学者

しい人や体の不自由な人、失業者、高齢者のための年金や国民保険に大金を使っている国があれば、政府の支出を最小限におさえるため、最低限のサービスしか提供しない国もあります。

公平なやり方

税金をかけるのは、公共財やサービスを提供するためだけではありません。特定の商品に税金をかけることで、政府は市場に影響を与えます。たとえば、環境を汚染する産業が生み出す商品に税金をかけること。その商品はその分高くなるので、生産者も買い手も代替物を見つけざるをえません。また、多くの国がアルコールやたばこに課税しています。再生可能エネルギーのような望ましい商品をつくる企業には、税を引き下げるといった措置がとられています。

政府の収入である税金には種類があります。そのひとつが直接税で、個人は所得の何割かを、企業はもうけの何割かを政府に直接おさめます。直接税のもうひとつの形が、個人が所有する財産に課される税金です。直接税はほとんどが累進的で、より多くのお金を稼ぐ人には、より大きな率の税金が課されます。もうひとつが、消費税のような間接税です。間接税は逆進的なため、金持ちより貧しい人のほうが、収入に占める割合が大きくなるため、不公平だという批判があります。

> 世界初の累進的所得税が課されたのは、1799年のイギリスで、フランスとの戦争の費用捻出のためにウィリアム・ピットがはじめた。

重い負担

多くの人が公共財のために税金を払うことには同意していますが、税金を負担と感じているのも事実です。自由市場を支持する経済学者は、公益事業以外はすべて、民間企業に任せるべきで、高い税金が市場を阻害している、と言います。アメリカの経済学者、アーサー・ラッファーは、低い税金は企業をやる気にさせるから、高い税率を課すよりも政府の歳入が増える、と論じています。左派の経済学者は、市場にある程度の規制は必要で、税金は自由市場の不公平さをある程度取り除く、と言います。

参照：100-101, 118-119 →

税金逃れ

すべての人が公平に税金を支払うように法律が定められている。収入をごまかす脱税は違法行為だ。しかし、だれも必要以上にたくさんの税金は支払いたくないので、合法な税金逃れの方法を見つけようとする。そのひとつが、タックス・ヘイヴンと呼ばれる税金がとても安い国に、企業の本社を置くことだ。

> **この世で確実なものは、死と税金だけである。**
> ——ベンジャミン・フランクリン、アメリカの政治理論家

未来はどうなる？

　市場に出回る商品の価格は、供給と需要の変動に影響されます。企業は原料を価格が安いときに仕入れたいと思うものですが、数か月前に注文を入れるのがふつうです。注文を出した日の価格で支払うとすると、数か月後に価格がさがっていれば損を、あがっていれば得をします。

賭け

　石油や鉱物、小麦のような産物は商品市場で取引されます。たとえば石油掘削会社は、製油所にバレル単位で原油をおろしますが、町の市場のように客が買った商品を家に持ち帰るというわけにはいきません。買い手がいますぐ使いたいと思っても、原油はその場にありません。よその国に、もっと言えばまだ大地に眠っているかもしれません。それに、お金のやり取りもその場ではおこなわれません。買い手は、未来の約束された日に、約束された量の価格を支払う約束をするだけです。このような契約を"先渡し契約"あるいは"先渡し"と呼びます。契約が結ばれた日が実際には数か月前なので、売り手も買い手も、価格の変動を見こして未来の価格に賭けるのです。原油が引き渡されて支払いがすむ前に、このような契約が、べつの人の手にわたることもあります。買い手は、供給するという契約を持っている人から原油を買い、売り手は、買うという契約を持っている相手に原油を供給するのです。もともとの契約が結ばれた日から契約終了日までのあいだに、先渡し契約の当事者が何度も代わることもあります。

> 金融派生商品の価格は、取引される実際の物の価値よりも高いのがふつうだ。

約束、約束

　先渡し契約が売買されるのが、先物市場です。そこで売買されるのは産物ではなく約束です。約束の価値は産物から派生するので、金融派生商品と呼ばれています。
　外国為替市場のディーラーは、決まった日に決まった為替レートで通貨を売買するという先渡し契約を作成

売り手と買い手は、将来の取引条件で合意にいたると、

> **金融派生商品は、金融の大量破壊兵器だ。**
> ——ウォーレン・バフェット、アメリカ実業界の大物で投資家

し、これもまた取引の対象になります。金融派生商品には、契約が存在するかぎり、売買できるものならなんでも含まれます。

実際に価格がどうなるか予想しようと躍起になる。

> クレジット・デフォルト・オブリゲーションや金融派生商品をちゃんと理解しているのは、ミスター・バフェットと、彼が作ったコンピュータぐらいなものだ。
> ——リチャード・ドーリング、アメリカの小説家

幸運を祈る

銀行と結ぶローン契約さえ金融派生商品とみなされます。産物を売買する先渡し契約と同様、ローン契約も一定期間のあいだに支払うというものです。ですから、銀行はこの負債を"金融商品"として売ることができます。金融派生商品そのものも売買の対象なので、売り手と買い手のあいだで契約が結ばれます。これがまた金融派生商品の金融派生商品として扱われ、複雑さは増すばかりです。金融派生商品の売買は——経済学者にとってさえ——わかりにくいものですが、契約の当事者は、同意した価格が自分の都合のよいほうに動くか、まったく動かないことを願っているという点では、ふつうの取引とおなじです。

空売り

金融派生商品のトレーダーは、価格がさがっても、"空売り"によって金もうけできる。たとえば、100株を借りて（買うのではない）、1株10ドルで売り、1000ドルもうける。株価が5ドルまでさがると、500ドルで買いもどす。それから、株（それに借入れ費用）を貸し手に返す。差額の500ドルは手元に残る。

リスキーなビジネス

市場には浮き沈みがつきもので、価格は供給と需要とともに上下します。将来に何が起きるか予測するのは不可能です。しかし、市場のトレーダーは、自らの予測をもとに、何を売って何を買うか、どれぐらいのリスクなら負えるかを考えなければなりません。

参照：74-75, 78-79

あすはどうなる？

経済活動も人生とおなじで、不確実さとリスクはつきものです。たとえば、音楽祭のチケットを買う場合、何か月も前に予約しなければなりません。目当てのバンドがほんとうに出演するかどうかわからないし、悪天候で中止になるリスクもあります。企業も将来の計画をたてるときには、同様の決断をせまられます。経済学では、リスクと不確実さを分けて考えます。たとえば5年後にどんなテクノロジーが発達をとげているか、あるいは、今年のコーヒーの収穫を台無しにするような疫病が流行するのではないか、といったずっと先のことを予測するのは不可能です。未来は不確実で、その不確実さがきょうの判断にどう影響するか、わたしたちにはわかりません。

> 日常会話で使われる"リスク"という言葉は、悪いことが起きる可能性を意味するが、経済学者はよい意味にも悪い意味にも用いる。

低いリスク、高いリスク

しかし、ちかい将来のことなら、ある程度自信をもって予測することができます。たとえば、常連客をもつカフェがあり、常連客の数が着実に増えていれば、この先も増えつづけるだろうと予想がつきます。冬服を作る企業は、毎年、売り上げが夏のおわりから伸びはじめるなら、今年もそうだろうと考えます。どちらの場合も、いままでにないことが起きるリスクは低いと言えるでしょう。しかし、企業の計画には高いリスクも含まれます。長期予報では暑くて雨の少ない夏になると言われているのに、春のうちにレインコートを生産することに決めたとします。リスクの高い計画です。天候が予想どおりだったら、会社は損をします。水着を作って売ったほうがよかったのですから。しかし、予想がはずれて雨のつづく夏だったら、レインコートを作っていたのは1社だけですから、大もうけできます。企業が新商品を発売したり、つぎのシーズンのための原料を仕入れるときは、リスクを見積もるために市場のトレンドを調べます。同様に、投資家は株を買う前に、企業の売り上げが伸びているか、株価はあが

強気の相場、弱気の相場

株式市場や債券市場で、価格が上がると予想される場合は"強気"相場と言い、その反対——価格が下がると予想される——場合は"弱気"相場と言う。つまり、強気の市場では価格は着実に上がるし、弱気の市場では価格はさがる。

> ウォール街で金持ちになる秘訣を教えてあげよう。ほかの連中が恐れているときに貪欲に攻め、ほかの連中が貪欲になっているときに恐れることだ。
>
> ——ウォーレン・バフェット

っているか調べます。

自信を感じる

どんな市場であれトレーダーにとって、過去の情報は将来を予測するための大事なツールです。売り買いを決めるうえで、リスクはどれぐらいかを測定する指針となるのです。市場の将来のトレンドに影響を与える要素はいろいろあるので、リスクの度合いを計算するのは大変です。数式やコンピュータによるモデル化まで用いることもあります。しかし、どんなに高度な方法でも、あらゆる可能性を考慮することは不可能で、予想に絶対の信頼を寄せるわけにはいかないのです。経済的意思決定は、あんがい勘に頼ることがあります。熟練のトレーダーは、市場に対する"勘"を研ぎ澄まし、過去の経験から得た自信や、ほかのトレーダーたちの動きに重きを置いているものです。株式市場において、株価は、企業の実績もですが、企業内の人たちがどれぐらい自信をもっているかによって決まるものなのです。

参照：86-87, 142-143

◯ チャンスは？
経済的意思決定の結果を予想することはできないが、確率を計算することはできる。もっとも起こりそうもない結果が、最大の報酬をもたらす。

リスクが高ければ高いほど、リターンは大きい。

情報に通じたギャンブル

"有価証券"と呼ばれる金融商品を売買する金融市場は、カジノに似ています。売り手も買い手も、将来の価値に賭けるのですから。安全な賭けをする人もいれば、危険な賭けに出る人もいます。トレーダーはお金がもうかる確率を算出する方法や、リスクを最小限におさえる方法をよく知っています。

参照：50-51

金融商品とは何か？

金融市場も市場ですから、その活動は買い手と売り手の取引です。しかし、金融商品の性質上、その取引は部外者には理解しがたいものです。そもそも、目に見えたり、手で触れたりできる商品が存在せず、そこで取引されるのは会社が発行する株や、政府発行の債券です。それに、買い手が受け取るのは所有者であることを証明する書類、株券や債券です。この書類を金融証書と呼び、買い手と売り手のあいだの契約を表しています。

> "ミンスキー・モーメント"という用語は、1998年のロシア金融危機のはじまりを表す言葉としてはじめて使われた。

安全で確実？

公に取引される金融商品、あるいは"有価証券"には3つの種類があります。企業が発行する株がそのひとつで、企業は資金を集めるために株式市場で株を売ります。株の価値を"エクイティ"と呼び、企業がどれぐらいの利益をあげているかで決まります。もうひとつが"債務証券"と呼ばれるもので、企業や政府が発行する債券がこれにあたります。債券の買い手は、実際には発行者にお金を貸すことになり、債券は、決められた日にちに決められた額の利息をつけてローンを返すことを保証するものです。3つ目がもっと複雑な金融商品、先渡し契約や金融派生商品（p.78-79参照）です。

リスクとは？

市場で取引される商品の例にもれず、有価証券もあがったりさがったりします。定評のある大企業の株や政府発行の国債を買うのは安全な賭けで、ほどほどの収益が見込まれます。しかし――これがカジノに似ていると言われる

ミンスキー・モーメント

アメリカの経済学者、ハイマン・ミンスキーは、経済の安定期は自信過剰を生み出す、と述べた。トレーダーは、価格があがりつづけると信じて危ない橋をわたる。やがて、こういった投資への自信が根拠のないものだとわかったとき、"ミンスキー・モーメント"が訪れる。借り手は負債を返済できず、金融危機へと突入する。

理由ですが——よりリスキーな有価証券を買うと、より大きな収益を得られる可能性があります。情報テクノロジーの発達により、金融市場のトレーダーは、有価証券を買

> "フィナンシャル・エンジニアリング"の実践には、似非科学の大量投与が必要である。
> ——ナシーム・ニコラス・タレブ、
> 『まぐれ——投資家はなぜ、運を実力と勘違いするのか』の著者

うリスクを計算するあらたな方法を見つけました。彼らは、経済学ではなく数学や物理学を学んだ金融アナリストを雇っています。目的は、既存の制度の抜け穴を見つけ、リスクのないお金もうけのやり方を見つけることです。債券の金融派生商品のようなあらたな金融商品を生み出したのが、金融アナリストたちです。おかげで、銀行が実績のない企業や、リスクのある仕事をする個人にお金を貸すようになりました。借り手がローンを返済できなくなれば、銀行にとって危険資産になりますが、このようなローンをもっと安全なローンと組み合わせれば、債券の"パッケージ"として売りに出すことができます。トレーダーはパッケージをいくつも組み合わせ、より複雑な金融商品にして、その一部を売るということをやっています。

隠れた危険

負債の大部分が返済不能にならないかぎり、賭けに負けることはないので、これまで述べてきた"フィナンシャル・エンジニアリング"は、リスクとは無縁のように見えます。しかしながら、トレーダーは数学的な分析力が低い場合が多く、自信過剰になってリスクを過小評価しがちです——勝ちがづつくと、ギャンブラーが大胆になるのとおなじことです。それに、貸し手も負債をたやすく売り抜くことができると自信をもち、よりリスキーなローンを提供しがちになります。

参照：90-91, 126-127

> **負債が広がる**
> 国債のような安全なオプションがパッケージに含まれていると、投資の高いリスクは隠れて見えないことがある。

金融商品の取引は、将来の価値に賭けるギャンブルだ。

焦点

ハイパーインフレーション

戦争のような危機はときとしてハイパーインフレーションの引き金となり、物価は年に数百パーセント、数千パーセントの割合で高騰します。価値がなくなる前に使ってしまおうと、人々はお金をどんどん使い、通貨は紙切れ同然となり、政府が所得や歳入の不足を補うために紙幣を乱造し、ハイパーインフレーションが起こります。

ワイマール共和国解体の危機

1921-24年、ワイマール共和国（いまのドイツ）は危機的なハイパーインフレーションに陥っていました。第一次世界大戦後の賠償負担で大量の金を支出したせいで、ワイマール政府は、公共支出にあてるため高額紙幣を印刷しました。その結果、通貨（マルク）の価値はさがり、物価は急上昇したのです。1923年、インフレ率は月に3万パーセントにもなり、物価は日々倍化していきました。

「インフレーションは
強盗並みに暴力的で、
武装強盗並みに恐ろしく、
殺し屋同様死を招く。」

ロナルド・レーガン、
アメリカ大統領　1981-1989年

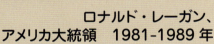

高額紙幣

ハイパーインフレーションとは価格が急騰することで、政府は高額紙幣を印刷してなんとか事態を収拾しようとします。1922年当時、ワイマール共和国で発行されていた紙幣の最高額は5万マルクでしたが、翌年には100兆マルクに跳ね上がりました。小額紙幣はなんの価値もなく、部屋の壁に貼るのに、壁紙を買うより紙幣を貼ったほうが安上がりなほどでした。

2015年現在、3京5千兆ジンバブエドルが1USドルに相当する！

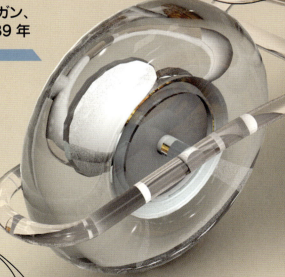

市場と取引

お金を積んだ手押し車
社会が激変し不安定になると、政府は消費を促そうとして紙幣を印刷する。しかし、これはハイパーインフレーションにつながるだけで、物価は恐ろしいほどの率で上昇する。

被害者
ハイパーインフレーションでいちばん打撃をこうむるのは、恵まれない人々です。裕福な人たちは、外国通貨を買って生き残り、ワイマール共和国を例にとると、組合のある労働者は、物価上昇に見合った賃上げを要求できました。しかし、残りの人々──農場や小さな事務所で働く人たち──の賃金は、価格急騰にとうてい追いつけませんでした。彼らは貯金や年金を切り崩し、手持ちのお金で買える商品に殺到して大混乱を巻き起こしました。

ジンバブエ
1990年代後半から10年間、ジンバブエはおそらく世界最悪のハイパーインフレーションに見舞われました。事の発端は私有農場の没収で、その後、政府は食糧生産の低下を埋め合わせるために紙幣を印刷しはじめました。店に並ぶ商品の価格は日に何度も変更され、通貨の価値が激減しました。人々は手押し車に紙幣を積んで市場に出かける始末でした。2008年11月には、インフレ率は796億パーセントにまで達したのです。

貪欲は善か？

経済学者のアダム・スミスは、市場の働きについてこんなふうに述べています。「わたしたちが食事にありつけるのは、肉屋や酒屋やパン屋が博愛心を発揮するからではなく、自分の利益を追求するからである」つまり、みんなが自分の利益のために行動すれば、みんなが得をするということです。しかし、自分本位はほんとうにいいことなのでしょうか？

> 社会組織の課題は、貪欲さが生み出す危害を最小限におさえる枠組みをどう作るかであり、資本主義はそういったシステムのひとつである。
> ——ミルトン・フリードマン

わたしがすべて

どんな商品やサービスを買って、いくらぐらいなら支払えるかを決めたら、あとは自分のために最良の取引をするだけです。生産者が商品やサービスを提供するのは、自分たちがもうけるためですから、最良の価格で売ろうとします。市場で売買する人はみんな、自分のために行動しています。その結果、みんなが得をする、と自由市場を信じる経済学者は言います。生産者は商品を売ってもうけ、買い手は必要な商品、欲しい商品を公正な価格で買う。市場で自らの利益を守るために競争することが、生産性の向上や革新につながり、よりよい商品やより安い価格を生み出します。だから利己心はよいことだ、と経済学者は言うのです。

参照：46-47, 54-55

より大きな分け前

しかし、企業は利益を追求するあまり、貪欲で攻撃的になります。人間は、欲求が満たされてもなお、より多くを欲しがるものです。貪欲な企業も消費者も、公平な分け前以上を手に入れようとし、他人を犠牲にして自分だけ金持ちになろうとします。このような不公平は自由市場につきものです。それが人々を自分勝手に行動させ、自分たちにとって最良の取

貪欲さは悪だろうか……それとも、最終的にはみんなのためになるのだろうか？

引を得るための競争に駆り立てるのです。ある程度までは、もっとも利己的な企業がもっとも成功します。貪欲はビジネスにとって善と言えるでしょう。

そうとも言えない

貪欲の道義性はべつにして、善か悪かを考えると、経済にとってよいとばかりは言えないのです。貪欲な企業は、競争相手を打ち負かして富と力を手に入れ、市場を独占します。生産者が製品の質より利益を追求すれば、消費者は損をします。目先の利益に目がくらんで不必要なリスクを負うような会社は、いずれ失敗します。他人の犠牲のうえに富を築く人は、道徳的に問題であるばかりか、大きな不平等を生み出し、長い目で見て経済に悪影響をおよぼすのです。一番の問題は、利己的な企業が、環境を破壊する商品やサービスを作り、社会全体に悲惨な結果をもたらすことです。そのため、政府は規制を設け、企業や市場が自らの利益だけでなく、消費者や社会全体の利益に貢献するよう促しています。

競争的市場そのものが問題であり、貪欲さはひとつの兆候にすぎない、というのが社会主義経済学者の意見です。カール・マルクスは、企業と市場を廃止し、産業は大衆が所有し経営すべきだと言っています。そこまで極端ではないにしても、組合員や労働者や消費者が所有し、相互利益のために経営する協同組合を提唱する経済学者もいます。

> 他人をかえりみない利己的な行為は悪いことだと、わたしたちは前から知っており、いまや経済的にも悪いことだとわかった。
> ——フランクリン・D・ルーズベルト、元アメリカ大統領

> 映画『ウォール街』の主人公、ゴードン・ゲッコーは言う。「貪欲は……善だ。貪欲はただしく、貪欲は役にたつ」

聖者か罪人か？
裕福なビジネスマンは利己的だと思われがちだが、価値ある商品やサービスを作り出し、労働者に高い給料の仕事を提供することで成功を手に入れているのだから、あながち利己的とは言えない。

インサイダー取引

株式市場において、トレーダーが、株価に影響を与えかねないような内部情報を手に入れ、株価がさがる前に売ったり、あがる前に買ったりすることは、"インサイダー取引"と呼ばれ、多くの国で違法とされている。

お金は世界をまわしていけるのか?

正しい判断をくだす

参照:80-81, 82-83

経済学で扱うのは、物事が実際にはどう機能するかということより、理想の世界でどう機能するかでした。しかし、行動経済学というあたらしい分野は、現実世界で経済的判断がどのようにおこなわれているかを研究するもので、人間の行動にも目が向けられているのです。

経済人間

経済学の仮説のひとつが、経済的判断をくだす人は、合理的に考え、あらゆるよい点と悪い点を比較検討する、というものです。ようするに、理想的な"経済人間"です。この理想的な経済人間は、必要な情報のすべてにアクセスでき、合理的判断をくだすのにその情報を利用できます。しかし、むろん理想の人間など存在しませんし、生身の人間は、100パーセント合理的で計算された行動をとるわけでもありません。ですから、どう判断すべきかを示唆するのではなく、実際にどう判断しているかを研究する経済学者が出てきても不思議はないのです。

まあまあ

行動経済学のパイオニアと言われるのが、アメリカの政治学者、ハーバート・サイモンです。20世紀後半、彼は経済学に心理学や社会学、コンピュータ・サイエンスの手法を取り入れました。そして、人は経済問題や経済的選択に直面したとき、あらゆる可能性を考慮し、つねに合理的に意思決定をおこなうわけではないことに気づいたのです。人間は合理的に行動しようとはするけれど、"限定合理性"しかもちえない。なにしろ経済問題には多くの不確実な要素があり、考えるべきことが多すぎます。ふつうの人間は、すべての情報を合理的に処理するコンピュータのような頭脳を持っていません。大

経済学の学説の多くが、人は合理的な判断をくだすと言っているが……

「だいじょうぶにきまっている」
「よい投資のように思える」
「失敗するとは思えない」
「勘が働いたんだ」
「うまくいくと直感が言っている」
「残り物には福がある」
「これは絶対にいけるとだれかが言っていた」

ダニエル・カーネマン(1934-)
経済学者というよりは心理学者であるダニエル・カーネマンは、意思決定に関する研究で2002年のノーベル経済学賞を共同受賞した。テルアビブに生まれ、パリで育った。1948年、独立後のイスラエルで心理学を学び、イスラエルとアメリカの大学で長きにわたりエイモス・トベルスキーと共同研究をおこなっている。

> ルーレットで赤が出つづけるのを見ると、
> たいていの人は、つぎにくるのは
> 黒だと勝手に思いこむものだ。
> ——ダニエル・カーネマンとエイモス・トベルスキー

判断をくだす
合理的に考えた末ではなく、
直感で物事を判断しがちなのは、
その方が早いし楽だからだ。
それであんがいうまくいく。

雑把なやり方、あるいは"経験則"を活用します。理想的な解決法ではないかもしれませんが、それで"まあまあな"判断をくだせるのです。

現実的になる

　心理学者のダニエル・カーネマンとエイモス・トベルスキーはサイモンの考えをさらに推し進め、ひとつの結論に到達しました。人が意思決定をおこなうのは、あらゆる選択肢を検討したのちではなく、個人的な経験や見聞きしたことといった不完全な情報をもとにしている、という結論です。わたしたちは、あまり深く考えず、まちがった仮説をたてたり、直感だの希望的観測だのに頼って行動しがちです。考え方そのものがまちがっていることもあります。一例が"ギャンブラーの誤り"と呼ばれるものです。たとえばコインを10回投げて10回とも裏が出たとします。すると、たいていの人が、つぎは表が出るだろうと思います。しかし、確率は五分五分。過去に何が起ころうと、確率は変わりません。このことを、カーネマンはこう説明しています。

……正しい確率に

ちゃんと目を

向けることは

めったにない。

似たような商品で価格がちがうものが3つあるとすると、人は、一番安いのではなく、中間の価格の商品を選びがちだ。

人は合理的に考えることはできるけれど、直感的に、あるいは感情的に物事を決めるほうがずっと早いし楽だ、と。行動経済学のこういった研究から、"経済人間"の100パーセント合理的な行動をもとにした学説や、経済分析の計算、コンピュータによるモデル化は、現実の世界にぴったりあてはまるわけではないことに、経済学者も気づきはじめました。

参照：132-133, 142-143

2007年から2008年の金融危機

2008年9月、巨大な投資銀行のリーマン・ブラザーズが倒産し、世間をあっと言わせました。多くの経済学者が、1930年代の大恐慌以来最悪の金融危機と評した時代の、これが幕開けでした。政府の大規模な財政援助のおかげで、ほかの銀行は倒産を免れましたが、家や仕事を失う人が続出し、それから一年ものあいだ、世界中で市場が立ち往生したのです。

危機の原因

危機の原因について、経済学者の意見は分かれました。しかし、ひとつのきっかけは、アメリカの"サブプライム住宅ローン"の失敗です。これは信用情報がよくない人に貸し付ける住宅ローンのことで、大手銀行はこういうサブプライム住宅ローンをまとめて金融商品化し、銀行同士の融資にこれを使っていました。問題は、住宅ローンを借りている人が返済できなくなると、銀行同士の融資もトランプで組み立てた家みたいに崩れてしまうことです。

負債のパッケージ

1980年代に、銀行の規制解除(銀行を取り締まる規則がゆるめられる)がおこなわれたとき、多くの人が、"フィナンシャル・エンジニアリング"の波にのみこまれるだろうと思っていました。銀行は債券の売り買いでお金をもうけようと、手のこんだリスキーな債券のパッケージを作り、負債の複雑な連鎖を生み出すだろう、と思ったのです。実際のところ、銀行は損失を吸収する自己資金もないのに、多額のお金を賭けたのです。金融危機ののち、銀行の不正が数多くあばかれました。

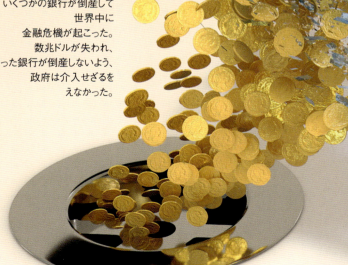

銀行危機 →
2007年から2008年にかけて、いくつかの銀行が倒産して世界中に金融危機が起こった。数兆ドルが失われ、残った銀行が倒産しないよう、政府は介入せざるをえなかった。

市場と取引

大きすぎて倒れられない

大手銀行の倒産に直面し、政府は介入しました。銀行にお金を預けている一般の人々が破産に追いこまれるからです。倒産すれば社会に壊滅的な打撃を与えるため、銀行は"大きすぎて倒れられない"運命なのです。しかし、その負債は莫大な額にのぼっていました。アメリカだけで、いくつもの銀行を倒産から救うため16兆8千億ドルが投じられました——アメリカのGDP（国内総生産）の3分の1に相当します。ほっておいて倒産させるべきだった、と考える人がいても不思議はありません。

大不況

2007-8年の金融危機が引き金となって、世界的に経済成長がとまる大不況の時代がやってきました。国によって受けた影響はまちまちですが、2009年には第二次世界大戦後はじめて世界のGDPが減少したのです。増えつづける国債を心配し、多くの国が"緊縮"財政政策をとりました。事態を悪化させるだけだ、とこの政策を批判する経済学者もいます。

2008年10月、市場が崩壊し、イギリスの企業の価値は900億ドルも失われた。

「世界的金融危機について
わかっているのは、
われわれがあまりよくわかっていない
ということだ」

——ポール・サミュエルソン、
1970年ノーベル経済学賞受賞者

地球を犠牲にしている

過去200年にわたり、工業化によってたくさんの国が豊かになりました。先進工業国は、経済は成長しつづけるし、生活水準もあがりつづけると思っていました。しかし、この繁栄は、地球を傷つけるという犠牲と引きかえにもたらされるものなのです。この犠牲を埋め合わせる努力をいまから始めなければ、取り返しのつかないことになります。

悲観的予測

18世紀後半に最初の近代産業が形作られたころは（p.42-43参照）、物は無制限に生産できるとみんなが信じていました。あたらしい産業のもととなる石炭や鉄といった天然資源はかぎりなく供給され、農業も機械化によって生産性があがると思われていたのです。社会が豊かになるにつれて消費は拡大し、産業はより多くの商品を供給することで需要を満たしてきました。生活水準の向上にいつか終止符が打たれるとは、だれも思いもしませんでした。しかし、そのころすでに、疑いをいだく経済学者はいたのです。たとえばトマス・マルサスは、このまま人口が増えつづければ、いずれは消費が供給を上回るときがくると警鐘を鳴らしました。19世紀から20世紀になっても、彼の警告は悲観的すぎるとみなされていましたが、21世紀になって世界の人口が飛躍的に増えると、必要な資源の需要も増大しました。それに、わたしたちが暮らす地球の資源にはかぎりがあるので、消費を減らす必要があることがあきらかになったのです。食糧を生産する土地にはかぎりがあり、飲み水の供給にもかぎりがあります。しかし、わたしたちが消費しているのは食糧ばかりではありません。わたしたちのライフスタイルが、製造品やエネルギーや輸送の需要を生み出し、それが石炭やガスや石油、鉱物といったかけがえのない資源の供給に拍車をかけたのです。

> 2003年から2015年までの12年間に、世界の人口は10億人増えて73億人となった。

どんな傷？

工業化は環境も傷つけています。都市の大気を汚染する工場の黒煙や、ディーゼルエンジンの排気ガスは、わかりやすい一例ですが、ほかにも深刻な問題があります。二酸化炭素のような温室効果ガスの排出は、地球規模で温暖化を引き起こし、気候変動につながって食糧生産をおびやかします。異常気象や海面上昇が人々の財産を破壊し、企業活動を混乱させています。工業化はまたべつの面で農

集団行動

公害や気候変動、資源の枯渇といった問題は、ひとつの国にかぎらず、国境で区切られるものでもない。経済的解決策もだが、政治的解決策が求められる。消費の削減と産業の規制は、世界規模でおこなわれるべきで、それには国際協力が不可欠だ。

> 未来を理解する鍵はこの言葉につきる。
> 持続可能性。
> ——パトリック・ディクソン、イギリスのトレンド予想専門家

業生産に影響を与えています。公害によって土地や川や海は汚染され、農地そのものも工場用地や鉱産物の採掘地に転用されています。また、農業生産を増やすための熱帯雨林の大規模な伐採、除草剤と殺虫剤の使用、遺伝子組み換え作物の開発などにより、環境システムのバランスがくずれつつあります。工業化による環境破壊は深刻なもので、いま手を打たなければ、工業の時代もそれがもたらした繁栄も終わりをむかえてしまいます。これは科学問題であると同時に経済問題であり、解決するためには科学的措置とともに経済的措置をとる必要があるのです。

汚染者を罰する

経済的措置のひとつが、公害企業に税金を多くかけることです。温室効果ガスの排出や有害廃棄物に課税すれば、企業はよりクリーンな生産方法を開発しようとし、政府には公害問題に取り組むためのお金が入ります。政府はまた、温室効果ガスの排出量に規制をもうけ、設定された割当量、つまり許された排出量を超えた企業を罰することができます。排出量を取引できるシステムにより、公害を出さない企業は割当量をほかの企業に売れるので、クリーンな企業が得をする一方、公害企業はより多くを支払うことになります。

われわれの消費率が増えれば増えるほど、地球のかぎりある天然資源は減少してゆく。

かぎりある世界
地球の資源にはかぎりがあり、経済が発展して人口が増えるのにともない、消費も増える。消費をおさえることを学ばないかぎり、資源はますます少なくなり、価格はあがるばかりだ。

参照：104–105, 112–113

満タン

空

実生活のなかの 市場と取引

安全な投資

人が株やほかの金融商品に投資するのは、利益を得るためです。しかし、市場はつねに変化しつづけており、投資の価値はあがることもあれば、さがることもあります。国債や銀行預金のような、利益は少なくても安全な投資を選ぶ人もいます。

浮き沈み

地球上には生きるのがやっとの貧しい国もあれば、前例のない経済成長をとげている国もあります。また、先進工業国のなかにはすでに下降線をたどっている国もあります。経済に絶対確実なものはなく、100年も経てば、アメリカやヨーロッパや日本に代わってあたらしい経済大国が現れているでしょう。

経済予測

経済的意思決定には、価格があがるかさがるかといった将来の予測も含まれます。経済学者は予測をたてるのに、複雑なコンピュータ・モデルや算法（アルゴリズム）を使いますが、お天気のような自然の不確実要素や、人の予想外の行動まで考慮にいれることはできません。

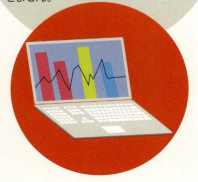

富の密輸

多くの国で、輸入品に制限をもうけています。たばこやアルコールなど特定の商品には税金をかけたり、銃や中毒性の強い薬物を禁止している国もあります。しかし、そういう商品にはつねに需要があるので、密輸はとてももうかります。

輸送コスト

世界貿易は国を豊かにしますし、貧しい国も商品を輸出して利益を得られます。安い商品への需要の高まりや、海外旅行者が増えていることもあって、輸送はいまや主要産業ですが、その陰で環境が犠牲になっているのです。とくに航空輸送は大量の温室効果ガスを排出し、地球温暖化の原因になっています。

最低所得保障

ミルトン・フリードマンのように、低所得者にはお金を与えるような税金システムにすべきだ、と言う経済学者もいます。生活保護を支給する代わりに、"負の所得税"を導入して、すべての人に最低所得を保障するという考え方です。稼ぎのいい人は所得の一定割を支払うことになります。

先進工業国は、市場取引や投資で富を蓄えてきました。蓄えた富を分配するために、政府は法律を作り、税金をかけます。しかし、21世紀になると、環境がこれ以上破壊されないように、企業に対して多くの規制が設けられるようになりました。

炭素の足跡

産業化は富をもたらしましたが、わたしたち一人ひとりが"炭素の足跡"——活動の結果として二酸化炭素を大気中に放出すること——を残しているのです。環境破壊を最小限にとどめるために、公害をなくすテクノロジーを開発すべきだと言う人がいれば、化石燃料の使用をやめてあたらしいエネルギー資源を見つけるべきだと言う人もいます。

人間を保護する

自由市場の規制はたんに経済的理由でかけられるのではなく、人を保護する目的もあるのです。有害な商品から消費者を守る法律や、労働条件を定めた法律もあります。後者は企業が労働者を低賃金で長時間働かせたり、子供や奴隷を使うことを禁じるものです。

お金で幸福を買えるか?

国の豊かさを測る

だれがお金を供給しているのか？

何もないところからお金を作る

どうして貧しい国が生まれるのか？

グローバリゼーションでだれが得する？

貧困(ひんこん)問題

発展途上国(とじょうこく)を助ける

返済期日！

賃金格差

わたしたちの生活水準はかつてないほど高くなっています。近代産業とテクノロジーがもたらした豊かさとは、必要以上に物を持つことですが、その一方で多くの人が貧困にあえいでいます。貧しい国の発展を助け経済成長を促(うなが)しつつ、富を公平に分配するにはどうすべきか、経済学者は頭を悩ませています。

国の豊かさを測る

世界には200ちかくの国があり、広大な国土と莫大な人口をもつ国があれば、狭い国土にわずかな人しかいない国もあります。豊かな国で豊かな生活を楽しむ人々がいる一方、貧しい国では大半の人が貧困に苦しんでいます。経済学者は国の所得によって、どれぐらい豊かか、どれぐらい貧しいかを測ろうとしています。

数字で表す

国の豊かさを測ることがなぜ必要なのか、理由はいろいろあります。その国の貧しさの度合いがわかれば、豊かな国々は支援の手を差し伸べることができます。その国の生活水準――そこで暮らす人々がちゃんと生きていけるかどうか――がどれぐらいかを知る必要もあります。また、その国がより豊かになっているのか、さらに貧しくなっているのかを知る手がかりにもなります。人の豊かさを測ることは、それほど難しくありません。銀行にどれぐらい預金があるか、どんな財産を持っているか、そしていちばん肝心な所得を調べればいいのです。しかし、一国の豊かさを測るのはそうたやすくはなく、経済学者が提案する方法もまちまちです。広く受け入れられている算出方法は、国内で1年間に生産されたすべての商品とサービスの価値を足した数字、GDP（国内総生産）です。商品やサービスは売ったり買ったりされているので、GDPからその国の経済活動や総所得がわかります。

> 国民総幸福量のほうが国民総生産よりも大事だ。
> ——ブータンの ジグミ・シンゲ・ワンチュク国王

国はどれぐらい豊かか？
その国で生産されたすべての商品とサービスの価値は、その国の所得を表しているが、その国がどれぐらい豊かかは、人口の規模などによって決まる。

誤った姿

しかし、これではその国のほんとうの姿はとらえられないでしょう。たしかにアメリカはGDP世界一ですが、もっと豊かな国はほかにもあります。たとえばルクセンブルクのような国は、GDPで測れば経済の規模は小さいですが、人口も少ないのでアメリカの平均的な世帯よりも豊かな生活を送っています。GDPはかなり大きくても、人口が多いせいで貧しい国もあります。

国民の豊かさを測るのに、より正確なのが国民1人あたりのGDP——商品とサービスの価値の総和を人口で割ったもの——です。この数字によって、国ごとの生活水準を比較することができます。しかし、これは国民の豊かさの平均値でしかないので、ほんとうの姿とは言えないかもしれません。たいていの国で、富は公平に配分されておらず、ぜいたくな暮らしをしているのは一部の特権階級だけで、国民の大半が貧しい暮らしを送っているのが実情です。国によって生活費はまちまちなので、生活水準だけで比べるのは危険です。おなじ収入でも、インドでは快適な生活を送れても、物価が高いスウェーデンでは生きていくのがやっとでしょう。1人あたりのGDPは、その国の1年間の経済活動を測るもので、長期間測定することにより、その国がより豊かになったか、より貧しくなったか、その差はどれぐらいかといった経済成長の度合いを知ることができるのです。

支払う

GDPから国の総所得がわかりますが、その国が経済的にうまくいっているかどうかを知るには、どれぐらいのお金が出ていっているかも調べる必要があります。人と同様に国も、特定の事業のために借金し、返済しています。しかも、多くの国が国際貿易に頼っているので、入ってくるお金のほうが多い、つまり黒字か、あるいは、出ていくお金のほうが多い、つまり赤字かを知ることが大事です。

参照：104-105, 112-113

> 世界最大の経済国はアメリカと中国と日本だ。

国の生活水準を比較するためには、その国の富と人口を測らなければならない。

幸福を測る

お金で幸福を買えないとはよく言われることだ。1972年、ブータン国王はこう述べた。わたしの国は貧しいかもしれないが、国民は幸福だ。国民総生産だけでなく、国民総幸福量も測るべきだ。経済学者はこの考えを真剣に受けとめ、国連は世界幸福度報告書を毎年発表している。

だれがお金を
供給しているのか?

　企業は商品やサービスを売ってお金を稼いでいます。こうして得たお金は、原材料や機械を買ったり、労働者に賃金を払うのにあてられます。あらたにビジネスをはじめるのにもお金は必要ですし、商品を売ったお金が入ってくる前に、あたらしい機械や建物を買うお金が必要になることもあります。

> 賃金を支払っているのは雇用者ではない。
> 雇用者は金を扱っているにすぎない。
> 賃金を支払っているのは消費者だ。
>
> ——ヘンリー・フォード、
> アメリカの大実業家

資金集め

　大企業であろうと、個人営業のトレーダーであろうと、商品やサービスを売って得る収入だけでは足りなくなることがあります。あらたに事業をはじめるなら、道具や機械、建物、商品を輸送する車をそろえ、人を雇わねばなりません。そういう費用を開業費と言います。事業がうまくいくようになれば、規模を拡大したり、あたらしい製品を売り出したり、コンピュータ・システムをアップデートするのにお金が必要になります。それも、収入が入ってくる前に支払わねばならないことがしばしばです。

　企業が資金を集める方法はいろいろあります。お金を借りるのもそのひとつで、返済はずっと先の話です。必要なときにお金が使え、商品を売ったお金を返済にあてることができます。会社の規模が大きければ、株式会社になって株を投資家に売る方法もあります。ローンではないので、返済しなくてよいというメリットがあります。株主は株という形で会社の所有権の一部をもつことになり、経営に口を出したり、将来の利益の何パーセントかを手に入れることができます。

だれが払う?

　企業が借金をした場合、あるいは株を売った場合、貸し手も株主もお金を出す見返りを期待します。貸し手としてまず思いうかぶのが銀行でしょう。銀行は、利率（ローンの総額の何パーセント）と期間を定めたうえ

参照：48-49, 52-53

フリードリヒ・ハイエク
（1899−1992年）

オーストリア学派の代表的な経済学者であり、1974年にノーベル経済学賞を共同受賞した。ウィーンに生まれウィーン大学を卒業し、ロンドン・スクール・オブ・エコノミクスで教えたのち、シカゴ大学に移った。熱烈な反共産主義者で、民間企業を中心とした、政府の介入を受けない自由市場経済を提唱した。

生活水準と不平等

企業がお金を集める方法はいくつかある

銀行から借金をする。政府から補助金や助成金を受け取る。投資家や銀行、ほかの企業、政府に株を売る。

元金プラス利息を貸し手に返済する。株と引き換えに所有権の一部と利益の一部をわたす。

でお金を貸します。企業はローンの総額に利子をプラスした金額を返済することになり、銀行のもうけは利子の分となります。企業にお金を貸すところはほかにもあります。大企業は社債を売るという形で個人投資家からお金を借り、あとで返済します。政府も、あたらしく開業する企業を助けたり、社会の役にたつ産業を応援するためにお金を貸すことがあります。たとえば再生可能エネルギーの生産者に対し、多くの政府が返済する必要のない補助金や助成金を出しています。

借り手は、所有する建物などを担保として提供し、債務不履行になれば担保を失う。

買いこむ

株を買う投資家には、個人投資家もいれば、投資信託会社や年金基金、銀行といった営利会社もあります。政府が私企業に対して支配力をもつために、その株を買うこともあります。また、経営破綻した企業を救うために、株の過半数を買いあげて国有化する場合もあります。イギリスでは、国営医療サービス制度や刑務所、鉄道会社やエネルギー供給会社のような国有企業も、個人投資家向けに株を発行しています。

参照：116–117, 134–135

何もないところからお金を作る

お金は支払いに使われるので、所有者はつねに代わり、経済の枠組みのなかを流通しています。労働者は受け取った賃金で商品やサービスを買い、そのお金がまた商品の生産や賃金の支払いに使われます。お金はどこからともなく現れるのではなく、銀行で作られているのです。

あたらしいお金

流通するお金の量、つまり通貨供給量（マネーサプライ）は一定ではなく、経済全体の変化に応じて変わります。たとえば企業が事業を拡大し、もっとお金を借りようとすると、お金の需要は大きくなります。お金を供給するのは銀行の役目ですが、何もないところから作り出しているのではなく、どこかから調達しています。

銀行はこのお金をDに貸し……とつづいていきます。銀行は実際に持っている以上のお金を貸していますが、借り手がちゃんと返済し、預金者が一度に全額を引き出さないかぎり、銀行は、手持ち資金の何倍ものお金を供給しつづけることができるというわけです。

つぎからつぎへと

銀行は、すでに流通しているお金を使って、あたらしいお金を作り出しているのです。銀行の業務は基本的につぎの2つです。人々が預けたお金の面倒をみること。お金を必要とする人に貸すこと。銀行は預かったお金をほかの人に貸します。このシステムによって、銀行は流通するお金を増やしているのです。たとえばAという顧客は、100ポンド持っており、それを銀行に預けます。銀行はそのうちの90ポンドをBに貸します。Aは必要になればいつでも100ポンドを引き出せますが、Bも借りたお金の90ポンドを手に入れているので、合計190ポンドが供給されたことになります。銀行は手元に10ポンドしかありません。さて、Bは90ポンドを賃金としてCに支払い、Cはそれを銀行に預けたとします。

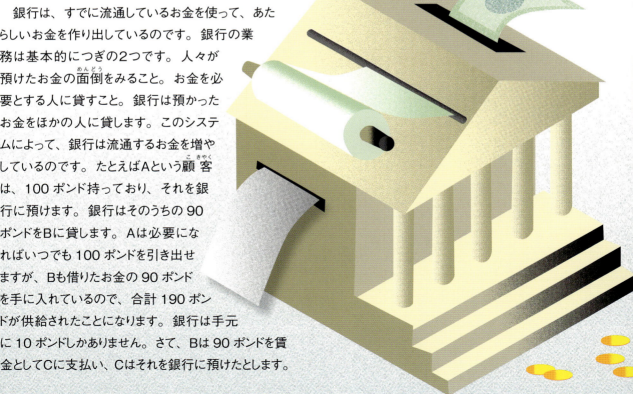

規制しつづける

このようなお金を"作る"仕事は、むろん厳しく規制されるべきで、銀行が供給するお金の量を定めた法律があります。多くの国で、銀行は、イングランド銀行やアメリカ連邦準備銀行や日本銀行のような、政府が設立した中央銀行の監視下におかれています。中央銀行は、各銀行が準備金の何割まで貸し出せるか、利子をいくらまでかけられるかを定めることによって、流通するお金の量をコントロールしているのです。中央銀行も、準備金以上の額を払い戻さなければならなくなった銀行に、お金を貸しています。中央銀行は、紙幣を印刷することで——あるいは、電子的に増やすことで——お金の供給を直接的に増やすことができ、その分を政府や企業に貸し出します。この方法でお金を作ることを、"量的金融緩和"と言います。

銀行が何もないところからお金を作ることができるなら、悪辣なディーラーがそれをやらないわけがありません。もっとも有名なのがイタリア人ビジネスマンのチャールズ・ポンジで、1920年代のアメリカで、投資家にすごいもうけ話があるともちかける不正行為をおこなっていました。"ポンジ・スキーム"と呼ばれるようになった彼のやり方は、最初に投資した人たちに、あとから投資した人たちからまきあげたお金を支払うというものです。最初に投資した人たちのもうけが大きかったため投資家が群がり、彼は詐欺がばれるまでに大金を手に入れました。

バーニー・マードフ

ポンジの大がかりな詐欺事件から60年、アメリカ最大の詐欺事件が起こり、被害者の数は数千人にのぼった。犯人のバーニー・マードフは、投資アドバイザーとして25年にわたりポンジ・スキームを実践していた。2009年に禁固刑の判決を受け、被害総額は180億ドルと言われている。

参照：112-113, 124-125

1920年代、チャールズ・ポンジに投資した人たちが失ったお金は2千万ドル、いまのお金で2億ドルに達する。

銀行は流通するお金の量をコントロールする。

> **持っているお金以上の信用を得られる人間などいない。**
> ——ジョン・デューイ、アメリカの哲学者

← お金を作る
中央銀行は流通するお金の量、つまり通貨供給量をコントロールする。お金を作って貸し出すことができ、これによって流通するお金の量が増える。

どうして貧しい国が生まれるのか？

多くの国が以前よりずっと裕福になりました。産業は生産性をあげ、経済は発展し、そこで暮らす人々は、生きるのに必要なものだけでなく、ぜいたく品も手に入れています。しかし、おなじように発展できず、世界の富のごく一部しか手に入れられなかった国もあります。

> 世界の大富豪62人が、世界人口の貧しいほう半分——35億人——と同額の資産を持っている。

> 多くの人々が貧しくみじめな生活を送っているかぎり、社会は真に発展し幸福にはなれない。
> ——アダム・スミス

わたしたちはみんなちがう

世界の国々は、国土の広さも気候もまちまちですから、経済の規模もちがっていてあたりまえです。近代世界でもっとも裕福な国々は、経済が発展するにつれ富をたくわえてきました。産業の発達で効率よくたくさん生産できるようになり、資本主義経済システムを導入して経済成長をとげ、高度なテクノロジーをもつようになりました。

裕福になる

工業化はヨーロッパの国々にはじまり、アメリカや日本がつづき、これらの国では生活水準はあがりつづけています。このような先進工業国に生産性で劣る貧しい国々は、世界貿易で不利な立場に立たされています。その結果、産業を築いて経済を

必要以上に物を持つ国々がある一方で…

発展させるだけのお金を、貿易で得ることができません。ヨーロッパの裕福な国々は、世界中に植民地を作って帝国を築きあげ、必要な資源を搾取してきました。裕福な国はますます裕福になり、植民地は自分たちの資源の恩恵を受けることができませんでした。もっとも、アラビア半島のサウジアラビアやクウェートは、産業がなくても石油が出たことで、世界有数の金持ち国になりました。

遅れたまま

　産業の発達に乗り遅れた貧しい国々は、資源をお金に換えることができません。その多くが、小規模な農業と漁業に依存し、自国民の食卓をまかなうのがやっとです。その一方で、大規模な農業関連企業は生産物を輸出しています。工業は安い労働力をたよりにし、道路や鉄道が整備されていないせいで商品の輸送もままなりません。海外の国や企業の投資に助けられている貧しい国々を、とくに"発展途上国"と呼んでいます。その多くが、近代産業を発展させる政策をとり、資源を最大限に活用して貿易を促進しようと

北と南

世界の金持ち国はすべて、北半球に集まっている。経済発展のもととなった工業化は、イギリスからヨーロッパと北アメリカに広がった。しかし、アフリカや南アメリカ、アジアは取り残され、その産業は競争力をつけようといまも必死だ。

がんばっています。そうやって生まれたあたらしい産業が生み出すお金や、海外からの投資は、コミュニケーションや道路や送電線といった社会基盤の整備にあてられます。発展途上国はかつてない成長をとげているとはいえ、いまも先進工業国との競争にさらされているのです。状況は改善されつつあるものの、いまだに貧しい暮らしを送る人は世界中に大勢います。

裕福と貧困　→
先進工業国の人々は便利で快適な生活を楽しんでいるが、世界には生きるのに必死な人々が大勢いる。

参照：108-109, 112-113

…最低限の生活必需品しか持たない国もある。

焦点

国際金融機関

第二次世界大戦以後、世界の経済と金融システムは高度に複雑化しました。国際金融機関（IFI）と呼ばれる組織網が、国と国のあいだのお金の流れを監視し、発展途上国を助けるために融資をおこなっています。IFIには、国際通貨基金（IMF）や世界銀行も含まれます。

通貨を固定する

1930年代の大恐慌の際、多くの国が輸出を促進するため通貨を切り下げました。そのため市場は縮小し、不況が長引きました。この流れをとめるため、1944年に世界の指導者たちが、アメリカドルに対し通貨を固定すること（決められた為替レートを維持すること）に同意しました。このとき、緊急資金提供をする国際通貨基金（IMF）と、長期開発に融資する世界銀行が設立されました。

貿易と労働

IFIは、銀行と同様に国のあいだのお金の流れを監視しています。国同士をつなぐ機関はほかにもあります。1994年に設立された世界貿易機関（WTO）がそれで、貿易を監視し、世界の金融サービスの95パーセントを管理していて、規則を守らせる法的な権限をもっています。国際労働機関（ILO）は公平な労働条件が守られるよう目を光らせていますが、法的な権限はもっていません。

生活水準と不平等

グローバル銀行

世界銀行と国際通貨基金をふくむいくつかの機関が、世界の金融取引を監視している。発展途上国に融資をおこなっているが、それは条件付きだ。

2015年、アイルランドは2010年に受けた融資の利子として、IMFに10億ユーロを支払った。

ワシントン・コンセンサス

危機におちいった国に対するIFIの融資には条件がついています。IFIはそういう国の経済を救うため、ワシントン・コンセンサスとして知られる政策を提案します。たとえば、市場の開放や政府の介入を最小限におさえることなどです。しかし、コンセンサスは最貧国を助ける役にはたたず、国際企業の影響を強めるだけだ、と批判する人もいます。

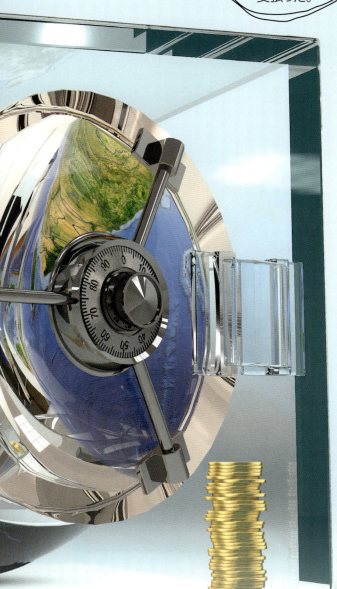

「世界は民主的と言えない機関——世界銀行とIMFとWTO——に統治されている。」
——ジョゼ・サラマーゴ、1998年ノーベル文学賞受賞者

ギリシャ危機

2009年、ギリシャは莫大な財政赤字をかかえ、欧州委員会とヨーロッパ中央銀行、それにIMFが救済に乗り出しました。ギリシャ政府は歳出をおさえ、国有資産を売りに出すことを約束させられましたが、2015年、公共サービスの低下や失業率の上昇などで苦しい生活をしいられた国民は、総選挙で緊縮政策に反対する勢力に投票したのです。しかし、救済は緊縮政策を前提にするものであり、ギリシャの危機はつづきました。

グローバリゼーションで

コミュニケーションと輸送手段の発達により、世界中のどことでも貿易できるようになりました。多国籍企業が発展途上国に近代産業をもたらしたおかげで、すべての国にグローバル市場で取引するチャンスが生まれました。だれもがその恩恵にあずかれるはずなのに、それができない国はたくさんあるのです。

> コカ・コーラは北朝鮮をのぞく全世界で売られている。

出足の遅い国

参照：104-105

グローバリゼーションで広い市場が開かれ、貧しい国が生産する商品を買ってくれる可能性のある顧客は大勢います。しかし、石油や金といった希少価値のある天然資源を持たないかぎり、原材料を買って製造品を売る競争にさらされます。グローバル市場では、発展途上国は最初から不利な立場にあり、先進工業国との競争に勝つのは容易ではありません。発展途上国はたいていが農業国や鉱業国で、製造業は発達していませんし、近代的な機械をもたないので、先進国のように天然資源を効率的に安く開発することはできません。競争に勝つためには、価格を下げてもうけを少なくするしかないのです。その結果、労働者の賃金は安くおさえられ、経済成長のかなめとなる産業を発達させるためのお金もありません。

人が嫌がる仕事をやる

国が豊かになると、公害を出す産業は敬遠されるようになり、人々も汚れる仕事や危険な仕事をやりたがらなくなる。多国籍企業はこういった産業を、環境基準や労働基準がそれほど厳しくない発展途上国に移す。短期的に見れば、地元経済に恩恵をもたらすが、与える損害は長く消えず、かえって高くつくこともある。

援助の手

発展途上国にも、先進国に提供できるものがあります。天然資源が豊かな国や、人的資源が豊かな国もあります。しかし、ビジネスを効率的かつ生産的におこなう方法を見つけられないのです。そこで先進国の企業の出番となります。多国籍企業は、産業を根付かせ、天然資源を活用し、地元の労働者を採用するのに必要な機械や社会基盤、それにテクノロジーを受入国に提供することができます。企業は資源と安い労働

生活水準と不平等

だれが得する?

> 国際社会は……かつてないほど豊かな世界で、30億人——全人類の半分ちかく——が1日2ドル以下で暮らしていることを許している。
> ——コフィー・アナン、国際連合前事務総長

力を手に入れ、受入国は、近代産業と投資が手に入るので、どちらにとってもメリットがあります。世界各地で、外国企業が貧しい田舎町を近代的な産業都市に生まれ変わらせ、そこに住む人々は定期収入を得ることで貧困から脱出しています。

悪い面

外国企業は受入国の経済を活性化させ、道路や鉄道や空港を整備しますが、建物も機械も所有者は企業です。地元の労働者がおこなうのは単純労働ばかりで、管理職はよそからやってきます。利益は企業が吸いあげ、地元に税金もおさめません。それでも、企業が発展途上国で事業をおこなうことにより、地元だけでは達成できない繁栄をもたらしているのです。

多国籍企業は、地元企業にテクノロジーを提供したり、労働者に技術をつけさせる努力はしていませんが、長期的に見れば、貧しい国は成長をとげるために多国籍企業にたよらざるをえないのです。

ギブ・アンド・テイク
グローバル化した産業は、地元に雇用を生み出すが、利益は地元経済をうるおすことなく、企業の母国へと流れていく。

利益は受入国ではなく多国籍企業に流れる。

貧困問題

世界中で何億人もの人々が貧困にあえいでいます。食べる物や着る物にも不自由し、きれいな飲み水もガスも電気もない劣悪な環境で生活しています。豊かな国でさえ、生きるのがやっとの人がいるのです。

不平等な世界

近代産業と経済システムは、世界中に繁栄をもたらしました。テクノロジーの発達により産業はますます生産的になり、経済のきめ細かな管理が成長を持続させてきました。先進工業国では、商品やサービスがあり余るほどです。自分たちで生産できない物はよそから買ってくることができます。裕福な国々では、食糧やそのほかの商品がふんだんにありすぎて無駄になっているほどです。これまでにないほど大量の物が生産されているのに、世界の人口の半分は快適な生活を送れていません。このようなひどい不平等の理由はいろいろですが、世界の貧困問題を経済的に解決する方法はあります。

> よく治められた国では、
> 貧困が恥ずかしいものとみなされ、
> 悪く治められた国では、
> 富が恥ずかしいものとみなされる。
> ——孔子、中国の哲学者

どれぐらい貧しいのか？

それにはまず、貧困とは何かを理解する必要があります。"豊か"と"貧しい"は、ほかと比べて実感することです。たとえば、ノルウェーでは貧しいと思われている人が、アフリカのブルンジ共和国や中央アフリカ共和国に行けばお金持ちとみなされます。国際連合(UN)や世界銀行のような国際機関の多くが、まともな生活をするのに必要な物すら持てない"絶対的貧困"は存在すると考えています。UNが採択した世界人権宣言では、最低限必要な基本的欲求として、食糧、飲み水、衛生、医療、住宅、教育、情報をあげ、これらの一部あるいはすべてが不足している状態を絶対的貧困と定めています。

貧困を規定するもうひとつの方法が所得を測ることです。世界銀行は、国際"貧困ライン"を、1日2ドル前後と定めました。この所得のレベル以下しか稼げなければ、貧困とみなされるのです。しかし、生活費は国によってまちまちですから、この規定が貧困のレベルを正確に示しているとは言えません。人々が持っているものを測るのではなく、持っていないもの——不足しているもの——を測るほうがより正確でしょう。

> 10億人以上の人々が、身近にトイレのない生活を送っている。

すべてが比較の問題

絶対的貧困は、先進国ではほとんど見られません

生活水準と不平等

が、世界有数の金持ち国にも比較的貧しい人々はいます。この"相対的貧困"（絶対的貧困の反対語）とは、住んでいる社会でふつうとみなされる物を手に入れることができず、その社会で最低限度とみなされる生活水準に達していない状態を言います。豊かな国では、政府が病人や失業者に生活保護を支給し、高齢者に年金を支給するなどして、相対的貧困問題と取り組んでいます。さらに、低賃金で働く労働者に給付金を出したり、最低賃金を保障する法律を作ったりすることも政府の仕事です。

　貧しい国の政府は、貧困者に給付金を出そうにも財源がありません。しかも、差し迫った問題を解決するために借金をするという"貧困の罠"におちいり、経済を発展させるだけのお金は残らないのが実情です。こうなると、貧困から抜けだせないばかりか、借金返済というあらたな重荷を背負うことになるのです。

参照：104-105, 112-113

⬆ **借金スパイラル**
貧困から抜けだすのは容易ではない。借金しても返せるだけ稼げないからまた借金し、負債がたまるだけだ。

ジョン・メイナード・ケインズ（1883–1946年）
イギリスのケンブリッジに生まれたケインズは、先駆的なマクロ経済学を確立して、経済学に革命を起こした。第一次世界大戦後、イギリスの大蔵省主席代表としてパリ講和会議に出席した。1930年代の大恐慌時代、政府は景気変動をおさえ、財政危機を避けるために、金融政策と税金の投入をおこなうべきだと説いた。

発展途上国を助ける

貧しくなりたいと思っている国はありません。豊かな国の人々は、恵まれない人たちを助けることが自分たちの責任だと感じ、慈善事業に寄付し、政府や国際機関を通じて発展途上国に援助をおこなっています。

経済基盤、最新テクノロジー、修復、改革のためのお金

援助は差し迫った問題の解決に使われ、経済成長のためのお金はほとんど残らない。

ノルウェーは国民総所得の 1.07 パーセントを開発援助にまわしている。

援助は役にたつのか？
豊かな国が出す対外援助は、経済発展を後押しするためだが、そのすべてが必要とするところに届くわけではない。

幸運のおすそ分け

繁栄する国がある一方で、貧しいままの国があるのにはいろいろな理由があります。天然資源が豊富な国があれば、あたらしいテクノロジーの発明によって恩恵を受けている国もあります。豊かな国の多くが、自分たちは幸運だったと思い、貧しい国にそのおすそ分けをすべきだと思っています。個人の場合は、貧しい人に食糧や飲み水を届ける慈善事業に寄付します。先進国の政府は、税金の一部を対

汚職

効率の悪い産業

借金返済

外援助にまわしたり、発展途上国に財政援助を与える世界銀行のような国際機関を支援しています。また、多くの企業が慈善事業に寄付したり、海外の産業に投資したりしています。

中途半端

しかし、このような対外援助にみんなが賛成するわけではありません。国が貧しいのは、人々にやる気がなくてだらしないからで、助ける価値はない、と非難する人もいます。せっかくお金を与えても、正しく使われていないと指摘する人もいます。もっとも必要としている人たちに届かないのだから、貧しい国が発展し豊かになる助けにはなっていない、と言うのです。慈善事業に集まるお金の大半は、貧困にあえぐ人たちに食べ物や着る物、薬や医者を提供するのに使われています。これでさしあたり必要な物は手配できても、将来に備えるところまではいきません。

> 援助が体系的貧困を
> 緩和できるという考えは……
> 神話だ
> ——ダンビサ・モヨ

対外援助は貧しい国の政府に与えられますが、それを必要とする人々にまでは届きません。なぜなら、彼らはへんぴな場所に住み、配給を受け取りにいく交通手段をもたないからです。あるいは、政府がお金をうまく運用管理できなかったり、国民を助けるためではなく、自分たちの勝手に使ってしまうからです。貧しい国が世界銀行から借金することもありますが、安定した経済成長をとげるまでにはいかず、けっきょく長期間の返済という重荷を背負うことになります。

> 人に一匹の魚を与えれば、
> 一日養うことができる。
> 人に魚の捕らえ方を教えれば、
> 一生養うことができる。
> ——作者不明

自力で成長する

長期的な解決策は、貧しい国が経済発展をとげるまで助けることです。効率的な産業や生産的な企業を作って自給できるようにならないかぎり、対外援助にたよってばかりになります。豊かな国は、経済基盤——交通機関や通信システム——を発達させる特定の事業にお金を出したり、教育や技能訓練を提供したり、近代産業や小さな会社をおこす手助けをすることで、貧しい国を助けられます。それとともに、その国の政府が健全な経済を築き、汚職や脱税を取りしまれるよう支援していくことも大事です。国が経済的に自立できれば、グローバル市場で豊かな国と取引できるようになるのです。

再出発

最貧国の多くが"貧困の罠"におちいり、稼ぐ以上のお金を借金返済にあてなければならない。お金をもっともらっても、借金返済ですぐに消えてしまうのだから、再出発できるように借金を帳消しにしてくれと言っている。

焦点

エネルギー供給

経済にとってエネルギーはなくてはならないものですが、資源が不足している国もあり、燃料のなかにはいずれ枯渇するものもあります。化石燃料を燃やすことで大気中に温室効果ガスが排出され、地球温暖化の原因になるなど、エネルギーの使用は気候変動を引き起こしています。

化石燃料

化石燃料――石炭、石油、天然ガス――は、生物の死骸が地中に堆積してできたもので、わたしたちが必要とするエネルギーの80パーセント以上をまかなっています。その埋蔵量のほとんどが、中東のような政治的に不安定な場所にあるので、それに代わる資源としてタール油やオイルシェールの開発に力を注ぐ国もあります。これらから石油を抽出するのは難しいですが、たやすく手に入るメリットがあります。それでも、あと50年のうちに石油は枯渇すると言われています。

エネルギー安全保障

安いエネルギーが安定的に手に入ることが、経済活動には不可欠です。石油の輸入にたよっていると、外国で戦争や社会不安が起きるたび経済が停滞します。それに、中国のような経済が拡大する国と、エネルギーを奪い合わねばなりません。短期的には、不愉快な相手とうまくつきあうか、さもなければ、供給ラインを守るために戦争を起こすかもしれません。しかし、そういうことは長くつづきませんから、原子力発電や再生可能エネルギーなどの、あらたなエネルギー源を、自国で確保しようとする場合もあります。

▼ 灯りをともしつづける
安定的なエネルギー源の確保は、世界中で大きな関心事になっている。それと同時に、化石燃料がなくなる前に、代替エネルギー源を見つける必要がある。

生活水準と不平等

再生可能で持続可能

"再生可能な"エネルギー源とは、けっしてなくならないものや、繰り返し再生できるもののことを言います。しかし、化石燃料を燃やすことで地球温暖化が進んでいるいま、環境を破壊せずに長期間使える、"持続可能な"エネルギー源の開発が急がれています。再生可能で持続可能なエネルギー源と言えば、水と風と太陽です。

「わたしたちが望む
未来につながる持続可能な道を
あらたに見つける必要がある。
それこそがクリーンな
産業革命だ」

——潘基文

消費を減らす

化石燃料を燃やせば地球をいためることになるので、消費を減らす必要がある、と多くの専門家が指摘しています。2015年パリで開かれた国連気候変動枠組条約第21回締約国会議（COP21）において、世界の平均気温上昇を2度未満に抑えることを目標として、化石燃料の消費を削減することが決まりました。先進工業国の多くが、炭素排出量を半分にすると約束しています。

エネルギーの使用量はこの50年で3倍になった——増えた分のほとんどが化石燃料だ。

返済期日！

銀行のおもな仕事はお金を貸すことです。個人や企業、それに国にもお金を貸して、必要な物を手に入れる手助けをしています。しかし、それにはお金が足りません。銀行も企業ですからもうけをださなければならないのです。つまり、借り手は借りた分より多くを返済しなければなりません——借入金に利子（利息）をプラスするのです。

参照：106-107、108-109

企業の借金

だれでも一度ぐらいはお金を借りたことがあるでしょう。財布を忘れて、コーヒーを買うのに友達から借りた3ポンド、というような少額の借金。むろん、つぎの日にでも返す約束をするでしょう。友達とは信頼関係にあるし、相手もお金は戻ってくると思っています。借金の額が大きいときは、銀行に行きます。銀行は、必ず返済される保証が欲しいので、借り手について調べます。個人の場合は、仕事や所得について尋ねます。企業の場合、銀行が調べるのはこれまでの実績と、今後の予定です。この借り手なら返済できると確信がもてれば、いつまでに返済するか、一括返済か分割かなど、融資の条件を記した契約書を作ります。友達に数ポンド貸すのとちがい、銀行がお金を貸すのは善意からではなく、もうけるためです。ふつうは、元本の何パーセントかの利息をつけます。これを"金利"と言います。1年間の金利10パーセントで5年間、1万ポンドを銀行から借りた場合、借り手は月割りで返済していきます。金利は減った分の元本に課されるので、銀行は貸したお金以上を取り戻すことができます。借り手にとっては、一度に多額のお金が手に入り、長い年月をかけて返済するというメリットがあります。

> 貸し手は、中央銀行が定める基本金利をもとに、貸し出し金利を計算する。

安心する

ときにはうまくいかなくなることもあります。借り手が失業したり、企業の商品が売れなくなって、借りたお金を返済できなくなるかもしれません。借り手が約束どおりに返済できない債務不履行をおかすと、銀行は損をします。債務不履行から身を守るため、銀行は多額の融資をおこなう前に、借り手に家などを担保に入れるよう頼みます。借り手が債務不履行におちいっても、銀行は家を取る

ギリシャの金融危機

2008年の世界金融危機以後、ギリシャ政府はなんとか借金の返済をしようと必死だった。ヨーロッパのほかの国々と国際通貨基金（IMF）は、数十億ユーロの"金融支援策"をとってギリシャ経済を救おうとしたがうまくいかず、2015年、ギリシャはIMFの融資の債務不履行をおかした世界初の国となった。

生活水準と不平等

> あなたが銀行から100ポンド借りたら、問題を抱えるのはあなただ。しかし、100万ポンド借りたら、問題を抱えるのは銀行だ。
> ——ジョン・メイナード・ケインズ

ことで損失を補えます。銀行の融資はたいてい担保ローンです。借り手が担保を提供できなくても、銀行は融資しますが、リスクが高くなるので高い利息をかけます。銀行は無担保で融資をおこなったり、ちゃんと返済しつづけられる保証のない個人や企業に貸し付ければ、高いリスクを負いますが、もうけも大きくなるのです。

借金のかたをつける

銀行が判断を誤り、リスクの高い融資に賭けて失敗することもあります。銀行は損をしますが、お金を貸す以外にも、銀行には預かったお金を管理するという仕事があります。ですから、銀行が破産すれば、預金者が損害をこうむります。そうならないように、中央銀行は、公金を使って失敗した銀行を救います。銀行は、うまくいっているときには大金をもうけ、失敗してもお金を払わなくていいなんて不公平だと思われるかもしれません。これを"モラル・ハザード"と言い、アメリカの経済学者ポール・クルーグマンはこんなふうに説明しています。「ある人が高いリスクを負うことを決めてそれが失敗した場合、ほかの人たちがその費用を負担すること」。

参照：134-135

家を買うには担保が必要、

お金を借りれば、利子をつけて……

返済しなければならない。

月給　ローン返済

売り家

高い買い物
人は家を買うために、その家を担保に多額の融資を受ける。銀行は、その人の所得をもとに返済計画をたてる。返済ができなくなれば、家を売って銀行への返済にあてなければならない。

賃金格差

数世紀にわたって発展をとげてきた自由市場システムは、商品やサービスの供給と需要のバランスをとる効果的なやり方です。しかし、みなが同程度の恩恵に浴しているわけではありません。自由市場に競争はつきもので、勝者もいれば敗者もいます。

> アメリカでは、高額所得者の上位10パーセントで国の総収入の半分を占める。

自由だが平等ではない

貿易と産業がグローバル化したいま、各国の富や生活水準を比較するのに、国民1人あたりのGDP（p.98-99参照）のような統計が用いられます。しかし、この数字からは、富が国内でどう配分されているかまではわかりません。貧しい国の多くで、裕福な人と貧しい人のあいだに大きな格差が存在します。先進国でさえ、富が平等に配分されているとは言えないのです。自由市場では不平等は避けられないことで、経済学者のなかには、それを市場システムの失敗と見る人がいて、その結果不公平な社会が生まれると言います。そのこと自体、悪いことではないと言う経済学者もいます。懸命に働いた人が報われれば、もっと生産性を高めようと努力し、新しいアイディアが生まれるからです。どちらの説も一理あり、実際の解決策はえてして正反対の考え方の中間あたりに落ちつくものです。

参照：56-57, 64-65

> 人を平等に扱うことと、人を平等にしようとすることはまったくちがう。
> ——フリードリヒ・ハイエク

広がる格差

自由市場は不平等を生むだけでなく、不平等を助長します。成功している企業はその利益を使ってますます生産的になり、競争力をつけます。裕福な人はお金を企業に投資し、ますます裕福になります。資力のない人は置いていかれるばかりです。裕福な国の多くで、このことが社会問題となり、政府は累進課税制度を導入し、高収入の人にかける税率を高くし、低収入の人たちへの福祉給付や最低賃金にまわしています。貧富の格差が少なく、不公平感の少ない国は、社会問題が少ないばかりか、経済も安定している、と経済学者は指摘します。しかし、アメリカやイギリスのような国の政府は、経済がうまくまわっていれば、収入は市場によって決まると考えています。そのせいで、貧富の格差は先進国のなかでもっとも大きく、しかも広がりつつあります。大企業の

ミルトン・フリードマン
（1912−2006年）

ニューヨーク州ブルックリンに生まれたフリードマンは、経済学で博士号を取得した。ニューヨークとワシントンで働き、シカゴ大学で教鞭をとった。低い税金と規制のない市場を勧める学説により、20世紀後半のもっとも影響力のある経済学者と言われる。ニクソンとレーガン大統領の経済顧問を務めた。

高賃金の仕事では、高額の給与のほかに追加の給付金やボーナスが加算される。

あなたの価値は?
仕事によって賃金は異なる。たとえば銀行家は、不可欠のサービスを提供する看護師よりも稼ぎがずっといい。自由市場では、銀行家は富を作り出すため価値があるとみなされるからだ。

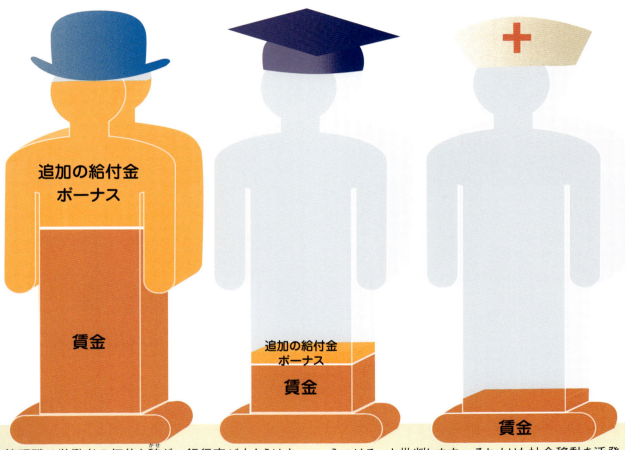

管理職は労働者の何倍も稼ぎ、銀行家が大もうけする一方で、おなじビルの掃除人は比較的貧しい生活を送っています。このような不平等は"トリクルダウン"理論で正当化されています。銀行家や実業家は富を作りだし、みんながその恩恵に浴しているのだから、おおいに報われて当然だという考え方です。

みんなにチャンスを与える

自由市場の支持者は、社会主義政策は自由を押さえつける、と批判します。それよりも社会移動を活発にして社会の階段をのぼりやすくすれば、能力に合った収入を得られるので所得が平等になる、と彼らは言います。すべての人が教育と仕事の機会を平等に与えられれば、成功する機会も平等になるという考えです。それでも、富の平等な配分は達成されないでしょう。しかし、みんなに平等な機会を与えることによって、より平等な社会が約束されます。

参照：126-127

実生活のなかの
生活水準と不平等

借金のコスト
お金が必要な人は借金をし、あとから利子をつけて返済します。しかし、お金をもっとも必要とする低所得者は返済できる保証がないので、裕福な人より高い金利のお金を借りなければなりません。"高利貸し"――不法な貸し手――は貧しい人の弱みにつけこみ、高い金利を要求します。

ビッグマック指数
国ごとに通貨の価値がことなるので、生活費を単純に比較できません。そこでイギリスの経済誌が目をつけたのが、"ビッグマック指数"です。世界中で売られている商品――マクドナルドのビッグマック・ハンバーガー――の価格を比較するのです。

価格を支払う
買い物客の多くが、生産地に関係なく低価格で最高の品質の商品を求めがちでした。しかし、近年は消費者も賢くなり、流行の服やスポーツウェアが安いのは、強制労働や児童労働が横行する搾取工場で作られているからで、搾取をやめさせられるなら、価格が少々高くなってもやむをえない、と考えています。

将来性のない仕事
成長産業であるサービス部門の雇用は増えていますが、ショップやコールセンター、ファーストフード・レストランのようなところは、賃金が高くありません。出世のチャンスも雇用保障もないので、腰かけ仕事とみなされています。

不公平だ！

世の中には恵まれている家族とそうでない家族がいます。裕福な家に生まれた人は最初から有利で、家族のコネやお金でよい仕事につき、ますます裕福になります。不公平に見えますが、彼らからそれを奪い取れば公平になるのでしょうか？ 親が子供に最高の機会を与えるのは、いけないことでしょうか？

生活水準

生活水準は国によっても、国のなかでも異なります。先進国は高い生活水準を維持しています。人口が多く貧富の格差がはげしい国もあれば、石油産油国のブルネイのように、国民のほとんどが豊かな生活を送っている国もあります。

テクノロジーの進歩と経済発展、それに市場の拡大によって、世界にかつてない富がもたらされました。しかし、すべての人が平等に得をしてはいません。多くの国で、人口の大半が貧しい生活をしていますし、先進国でも、貧富の格差は広がるばかりです。

慈善事業

数十億人が貧しい暮らしをする一方で、ごく少数の億万長者がいます。大富豪の多くが、富の一部を慈善事業にまわすことを義務と考えています。寛大に見えますが、富のごく一部にすぎず、多くの場合、どこに与えればもっとも効果的かなどと考えずに、ただ出しているだけです。

応急手当

マスメディアの出現により、人々は貧困が生み出す影響に気づいて、なんとか手を差し伸べようとしています。自然災害のニュースを見ると、多くの人が寄付をします。バンドエイド・コンサートのようなチャリティ・イベントが、多くのお金を集めていますが、それぐらいでは焼け石に水です。

ポケットには
何が入っている?

個人の財政を管理し、家計をやりくりし、お金をうまくふやすのは、会社を経営するのとおなじこと。そこには経済の原則が働いている。いくら使って、どの店で何を買うか、すべてが経済的意思決定だ。仕事選びも余暇の楽しみ方も、将来の計画もおなじこと。

バランスをとる

生計をたてる

お金を安全に保管する

ほんとうに必要なの？

小銭(こぜに)を大切にする

いま買って、あとで払(はら)う？

どんな方法で支払う？

旅行のお金

備えあれば……

計画をたてる

バランスをとる

必要な物、欲しい物を買うにはお金が必要です。お金を稼ぐには働かなければなりません。しなければならないことと、ほんとうにやりたいことのバランスをとるために、どんな仕事をやって、その仕事にどれぐらいの時間をかけるか決めなければなりません。

> 人生でもっとも好きなことをやるのに、お金はかからない。
> だれもがもっているもっとも貴重な資源は時間なのだから。
> ——スティーヴ・ジョブズ、アップルの共同創業者

仕事ばかり、遊びはなし……

仕事選びは、ひとつの経済的意思決定です。時間はいろいろに活用できる資源で、その一部は、睡眠と食事というぜったいに必要なことに費やされています。残り3分の2が仕事や余暇にあてられる時間です。人生を充実した楽しいものにするためには、バランスが大事です。貧しい国の人々にはかぎられた選択肢しかありません。生きるのに必要な物を手に入れるために、低賃金で長時間労働をし、余暇に使える時間もお金もありません。しかし、先進国では、たいていの人がライフスタイルを自分で選び、自分に合った仕事と人生のバランスをとることができます。

稼げるかどうかが、仕事選びの基本になるのは当然です。しかし、仕事は1日の時間のうちの大きな割合を占めるものです。仕事と人生のバランスをうまくとることは、経済学で言う"機会費用"(p.40-41 参照)——欲しい物の価値を、それを手に入れるためにあきらめたもので測る——のひとつの例です。仕事で得る収入は大事ですが、余暇もまた大事です。たくさん仕事をすればたくさん稼げるかもしれませんが、余暇が犠牲になります。反対に、余暇を楽しむことに時間をかけれ

仕事

それだけの価値がある?

必要な物はもちろん、欲しい物もすべて買えるぐらい

ば、お金を稼ぐ機会が減ってしまいます。

時間と機会

わたしたちがもっている資源は時間だけではありません。仕事選びで大きな役割を果たす要素には、教育や技能や経験などがあり、それらを身につけることで、仕事のチャンスが増えます。あたらしい技能を学んで資格をとれば、前より給料のよい仕事に応募することができます。ここでもまた、やらなければならない余分な仕事と、手に入れたいライフスタイルとのバランス――大きな家や車が欲しいのか、それともスポーツをしたり趣味をきわめたりする余暇が大事か――が問題になってきます。

あなたしだい

働くために生きている人がいれば、生きるために働く人がいます。医者や弁護士になる夢をもつ人がいれば、仕事を、物を買うためのお金もうけの手段と考える人もいます。仕事が楽しくて、職場

働くか、学ぶか？

大学に行くか行かないかを決めることも、機会費用だ。学費を払って3年以上も勉強しているあいだ、働けばお金を稼げる。もっとも、大学の学位をもっていれば、希望する仕事につけるチャンスは増え、長い目で見ればたくさん稼げる。

に長時間いることが苦にならない人がいる一方で、仕事は必要最低限にしておきたいと願う人も大勢います。けっきょく、どんな仕事を選ぶか、どれぐらいの時間をそれにあてるか、は経済的意思決定なのです。楽しい人生を送るためには、望みどおりのライフスタイルに収入を合わせる必要があります。

先進国の
フルタイム労働者は、
1日のうち40パーセントの
時間を仕事に
費やしている。

どっちが大事？　　ライフスタイル

⬆ 仕事と人生のバランス
人生で欲しい物を手に入れるためには、働く必要がある。しかし、人生を楽しむための時間も必要だから、バランスを取らなければならない。

生計をたてる

働かなくても暮らしていけるだけのお金を持っている人は、そう多くいません。だれでもいつかは、どうやって生計をたてるか考えなければなりません。どんな仕事が自分に合うかを考えるのも大事ですが、人に雇われるか、自営業の道を選ぶか決断するのも大事です。

> ほんとうに自分に合った仕事には、喜びを見いだせる。
> ——ホメロス、古代ギリシャの詩人

自活する

大人になれば、親から経済的に独立するのがふつうです。必要な物も欲しい物も自分で買うのです。身につけた技能や知識を生かし、楽しんでできる仕事につくのが理想ですが、たいていの場合、仕事をするおもな目的はお金を稼ぐことです。

つまり、就職すること——仕事を見つけ、仕事をする見返りに雇用主から賃金を払ってもらうのです。雇用主は職場に欠員が生じると広告を出して、あたらしい労働者を雇います。職探しをする人は、広告を見れば、自分に合う仕事かどうか、賃金はいくらか知ることができます。雇用主が賃金を支払うやり方はいろいろ——時間給か日給か、つまり、何時間働いたかで稼ぎは決まります。あるいは1年でいくらという年俸の形もあります。

失業

仕事がいつでも見つかるわけではない。求人数よりも、仕事を求める人の数が多い場合もある。たとえ仕事についていても、会社の業績が不振になれば職を失うこともありうる。失業すると大変だが、たいていの国で、失業者があたらしい仕事を見つけるまで生活を保障する制度がある。

> 仕事は……
> 人間の尊厳を守るために、
> 世の中の役にたつ独立した
> 自由な人間としての自尊心を
> 守るために、
> 必要不可欠なものである。
> ——ビル・クリントン、元アメリカ大統領

見込みがある

問題なのは、雇用主が賃金や給料をいくら払うかだけではありません。収入は多いにこしたことはありませんが、若い人が安い賃金でも働くのは、仕事をとおしてあたらしい技能や経験を身につけられるからです。たいていの人は、安い賃金の仕事や、見習い期間のある仕事、あるいは無給のインターンの身分からはじめ、仕事をつづけながら昇進の階段をのぼっていきます。ですから、仕事を探すときには、将来の見込みのある仕事かどうかを考えます。

> 2014年、EUにおいて、生産年齢の男性の70パーセントが仕事についているのに対し、生産年齢の女性のうち仕事についているのは60パーセントにすぎない。

仕事と家庭

昔は一家の"大黒柱"——家族のためにお金を稼ぐ人——は男性で、女性は家にいて"女の仕事"、つまり料理、洗濯、子育てをするものだと思われていました。しかし、現代では、とくに先進国では、たいていの女性が仕事をしていますし、昔なら"男の仕事"と思われていた職場に進出しています。家事も仕事のひとつと経済学者はみなしていますが、賃金を支払われない仕事です。女性がどんどん仕事をするようになり、家事を分担する夫婦が増えてきました。

家庭と仕事のバランスをとるため、パートタイムの仕事をするという方法があります。いまでは子供の世話に時間をとられる母親だけでなく、男性のパートタイマーも増えています。ひとつの仕事を2人以上で分ける"ジョブシェアリング"というのもあります。1日数時間、あるいは週に数日働くだけなら、家族といる時間が増えるし、ほかの楽しみにも使えますが、収入はとうぜん少なくなります。

昇進の階段をのぼる

昇進の階段 →
労働者は仕事をしているかぎり、あらたな知識や技能を習得することにより、昇進の階段をのぼりつづけることができる。

人を使う

自営業の人や、同僚と共同経営する人は、他人に指図されずに自分でなんでも決められ、仕事がうまくいけば利益を一人占めできるメリットがあります。が、長時間労働をしたうえ、定収入が保証されないというデメリットもあります。

参照：56-57, 124-125

お金を安全に保管する

仕事についたり、会社を作ったりしたら、稼いだお金をどうするか考えなければなりません。現金ならポケットに入れておくか、マットレスの下に隠すのもいいでしょう。でも、銀行に預けたほうが安全ですし、べつのメリットもあります。銀行口座をもてば融通がききますし、銀行は必要なときに信用貸しをしてくれたり、お金をふやす手伝いをしてくれます。

> 裕福になりたいなら、
> 稼ぐだけでなく
> 貯金することも考えよ。
> ——ベンジャミン・フランクリン

安全で確実

銀行に口座を開くのは、まず第一に警備が厳重な建物の地下金庫にお金を預ければ安全だと思うからです。しかし、このごろの銀行は多額の現金を置かないのがふつうで、口座のお金はコンピュータ・プログラムの数字にすぎないのです。それでも、ポケットに現金を入れておくよりは安全です。たいていの人が銀行口座をもつ大きな理由は、便利だからでしょう。いまでも、週末や月末に現金をもらっている人はいますが、給料を銀行振込にする会社はますます増えています。小さな会社なら商品やサービスを現金で売る場合もあるでしょうが、デビットカードやクレジットカードを使う客はふえる一方です。ですから、お金を稼ぐ人たちにとって、銀行口座はなくてはならないものなのです。

すぐに手に入る

銀行はあなたの収入を保管する場所を提供する以外に、あなたが支払わねばならないもの、つまり支出の管理もしてくれます。銀行の窓口やATM（現金自動預け払い機）でお金をおろすことはできますが、店頭で買うときも、テレフォンショッピングやオンラインショッピングでも、銀行のカードを支払いに使えます。それに、家賃やローンの返済など毎月の支払いを、銀行に頼んで口座振替にしてもらえます。口座のお金の動きを知るには、オンラインのバンキング・サービスがあり、それでお金の管理ができます。

もうひとつのメリットは、思わぬ出費があったり、高額の物を買うとき、銀行からお金を借りられることです。これを当座貸越と言い、口座にある金額以上を使うことができます。この場合、銀行に手数料を払うか、利

金融アドバイス

銀行はいろいろな種類の預金や投資を提供し、どれを選べばいいかアドバイスもしてくれる。しかし、銀行は自分のところに預けてもらうことを前提にしている。その点、個人の金融アドバイザーなら、いろいろな銀行のサービスをすべて比較したうえで、どれを選ぶべきか相談にのってくれる。

個人の財産管理

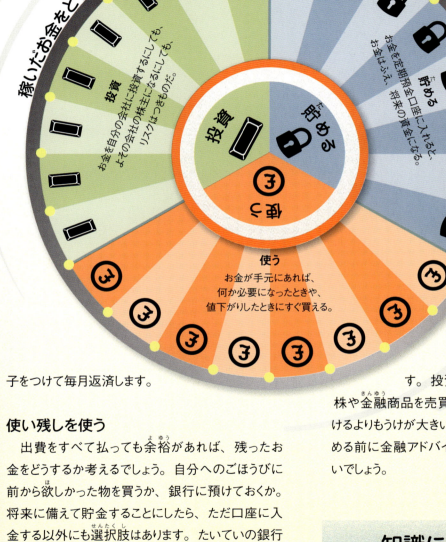

> **余ったお金**
> 慎重な人は、毎月の支払いをすませてもお金が残るように気を配るものだ。そのお金を使うか、投資にまわすか、貯金するか、決めるのはあなただ。

子をつけて毎月返済します。

使い残しを使う

　出費をすべて払っても余裕があれば、残ったお金をどうするか考えるでしょう。自分へのごほうびに前から欲しかった物を買うか、銀行に預けておくか。将来に備えて貯金することにしたら、ただ口座に入金する以外にも選択肢はあります。たいていの銀行が定期預金口座を設け、普通預金より高い利息をつけています。そういう口座に預ければ安全なばかりか、お金がふえるのです。株を買ったり（p.100-101参照）、投資信託にお金を預ける方法もありま

す。投資信託は顧客に代わって株や金融商品を売買してくれます。銀行に預けるよりもうけが大きい分リスクも高いので、決める前に金融アドバイザーに相談したほうがいいでしょう。

参照：102-103, 142-143

> 知識に投資すると、最高の利息がつく。
> ——ベンジャミン・フランクリン

ほんとうに必要なの?

お金の使い道に困るぐらい、世の中には物があふれています。食糧や家賃などは生活に不可欠な支出ですが、そこまで重要ではないものもあります。収入を上回る支出をしないこと、つまり分相応な暮らしをするためには、お金の使い道に目を光らせなければなりません。

> 年収20ポンド、歳出19ポンド96ペンス、結果は幸せ。
> 年収20ポンド、歳出20ポンド06ペンス、結果は惨め。
> ——チャールズ・ディケンズ、イギリスの作家
> 『デイヴィッド・コパフィールド』の作者

入ってくるお金と出ていくお金

分相応な暮らしをするためには、予算をたて、支払わなければならないお金と入ってくるお金を記録するのも一案です。家計簿やコンピュータのスプレッドシートを使えば、かんたんにできます。どのやり方を選んでも、考え方はおなじです。月給のような収入と、毎月の支出を比較すること。

必要な物と欲しい物

定収入で生活している人なら、予算のうちの収入の欄の数字はほぼ一定です。つぎに支出の欄を埋めていきます。毎月出るお金を書きこむのです。支出の欄の最初にくるのが、家賃や食糧、水道、ガス、電気料金といった必ず出ていく出費です。毎月変わらないものもあれば、季節によって変わるものもあります。ほかにも、電話料金や交通費、保険料などがあります。つぎに書きこむのは、必要不可欠ではないけれど、生活を豊かにしてくれる出費です。スポーツや音楽、本や映画など、趣味や余暇の活動にかけるお金です。

欲しい物

➡ **買い物リスト**
毎日の支出に気を配り、優先順位リストを守っていれば、必要ではないけれど欲しい物を買う余裕が生まれる。

切り詰める

支出の欄を埋め終わったら、つぎに収入と総支出を比較します。支出が収入を上回るようなら、支出を切り詰めるか、残業をしたり給料の高い仕事に変わるなどして収入を増やさなければなりません。収入を増やすより、支出を切り詰めるほうがかんたんです。支出の欄に書き出したものを優先順位の高いほうから並べなおし、どこを節約できるか考えて、収支のバランスをとればいいのです。優先順位の高いものとは、それがないと生きていけないもの、支払わなければならないものです。これらの支出も減らすことができます。たとえば、会社に行くのにバスを使わず歩くとか、電気をこまめに切るとか。優先順位の低いものとは、それがなくてもやっていけるもの、最新型の電化製品とかトレンディな服といった、自分へのごほうびに買うものです。

楽しみにとっておく！

それがほんとうに必要かどうかを自分に尋ねることで、支出を切り詰めることができ、分相応な暮らしをするための予算がたてられ、余った分を貯金にまわすことができます。なにも楽しみをあきらめろと言っているのではありません。夜の外出やスポーツクラブの会費、旅行など、"遊興費"を最初から予算に組みこめばいいのです。欲しい物のリストを作っておけば、衝動買いをしなくなり、お金に余裕ができたときに買うようになります――あとになれば、それほど必要ではないと思うかもしれません！

わが家にまさるところ

たいていの人にとって、いちばん大きいのは住む場所に払う出費だろう。友達とシェアするか、自分ひとりで借りるか、担保をつけてマンションか家を買うかは、収入によって決まる。毎月の家賃やローンの返済は、予算に大きな影響を与える。

参照：132-133, 144-145

収入の90パーセント以上を支出しないようにする。10パーセントは思わぬ出費のためにとっておく。

小銭を大切にする

　緊縮予算を組んでいれば、だれだって1ペンスでも余分に払いたくないと思うものです。ぜいたく品を買わないで出費を切り詰めていても、買わなければならない物はあります。しかし、よく考えて計画をたてれば、必要な物に使うお金を減らすことだってできるのです。

> 小さな出費に気をつけること。
> 小さな水漏れは
> 大きな船をも沈める。
> ——ベンジャミン・フランクリン

けません。しかし、賢く計画することで支出はおさえられます。たとえば、使っていないときには電化製品のスイッチを切るとか、暖房の設定温度をあげる代わりにあたたかい服を着るといった具合です。

　先進国では、一年間で、一人当たり100キロの食べ物が無駄にされている。

毎日貯める

　支出を見ると、家賃やローン返済といった毎月必ず払わなければならないものがある一方で、その時々で変わる少額の出費もあります。洋服や家具は高価ですが、たまにしか買いません。支出の大半を占めるのが、食費や交通費、それに光熱費で、これらは削ろうと思えば削れるのです。削るといっても毎月ほんの数ペンスですが、積もり積もればかなりの額になります。わたしたちが物を買ったり使ったりするとき、その生産コストまでは考えず、もっと安い代替品を探す手間はか

楽な暮らし

　わたしたちは暮らしを便利に、楽にしてくれるものに、かなりのお金を払っています。食材を買ってきて自分で料理するほうが、出来合いを買ってくるより安くつきます。電車やバスを利用するより、車を持ったほうが便利ですが、維持費がかかります。最新のスマートフォンはかっこいいかもしれないけれど、いま持っているほうが使いやすくありませんか？

袋詰めのバーゲン品 →
リンゴをひと袋買うほうが1個ずつ買うより得なのは、いたむ前に食べきれる場合にかぎってのことだ。

小さな変化、大きな貯金

しかし、お金を貯めるために、ライフスタイルまで変える必要はありません。毎日の買い物でも、行き当たりばったりに買わないで、何を買うかメモしておいて、割安になるエコノミーサイズの商品や、特価品に目を向けることです。ほんとうに必要なものかを考えて、賞味期限が切れる前に使いきれる分だけ買うことも大事です。食材を使わずに捨てるのは、お金をどぶに捨てるようなものですが、たいていの人がこういう無駄をしているのです。バーゲンと聞くと飛びつくのもやめましょう。うますぎる話は、けっきょく不経済なのです。とくに、服や家具や電化製品を買うときは、多少高くても長持ちする物を買うのが賢い選択です。時間をかけて店内をまわり、商品と価格を比較することも大事です。衝動買いは避けること、あとできっと後悔します！ 必要な物と欲しい物のリストを作り、それ以外の物は買わないこと。毎日少しずつ節約して予算内で暮らしていけば、いずれ余ったお金で"欲しい物リスト"の品物を買えるかもしれません。

消費者保護

多くの国で、商品やサービスを買うとき、消費者がだまされないように保護する法律を制定している。これは過大広告や嘘の価格を表示したり、かさ増ししたパッケージなどで、売り手が消費者を誤った方向に導くのを防ぐ法律だ。

大金を大切にする

小銭を大切にすれば、大金はおのずと貯まる、ということわざがあります。しかし、大金を使うときも、おなじぐらい慎重になるべきです。利用する時間がないのに高い入会金を払ってスポーツジムの会員になったりすれば、毎日節約してきたことが無駄になってしまいます。

参照：128-129, 130-131

格安に見える物が……かえって不経済。

いま買って、あとで払う?

参照：116-117, 130-131

出費を収入の範囲内におさめる、分相応な生活をするには、予算をたてることが肝心です。しかし、ときには必要な物があるのにお金が足りないこともあります。そんなときは、お金を借りて必要な物を買い、長期間にわたり分割で返済すればいいのです。

貯金する

収入の範囲内で生活するのが賢明な生き方なのは当然ですが、ときに大きな出費があって、銀行に預けてあるお金では足りないことがあります。車や海外旅行なら、お金が貯まるまで先延ばしにできますが、修繕費のように急を要する出費もあり、お金が貯まるまで待っていられません。そういうときは、お金を借りるのもひとつの手だてです。

ホーム・スイート・ホーム

お金を稼げるようになる前の若い人も、大金が必要になることがあります。たとえば学費なら学生ローンを借りて、就職してから返済することができます。自分で会社をはじめるための費用を借り、会社が大きくなって

分割払い

車のような高い買い物をするとき、分割払いは便利だ。欲しいときに買って何回かに分けて支払う。

から返済する場合もあるでしょう。しかし、たいていの人にとっていちばん大きな買い物は住む場所で、借金せずに買える人はほとんどいません。家やマンションを買うための借金を住宅ローンと言い、家やマンションが担保になるため、利子はほかのローンより低いのがふ

信用度

銀行は融資をする前に、借り手の返済能力について調べる。信用格付け会社などを使って、財務実績を調べるのがふつうだ。借り手の信用度は、収入や資産のほかに、クレジット履歴——過去に借金をちゃんと返済したかどうか——をもとに評価される。

個人の財産管理

> お金を借りるということは、
> 自分の未来を奪うことだ。
> ——ネイサン・W・モリス、
> アメリカの作家

高額の買い物は、数か月、あるいは数年にわたる分割払いも可能だ。

連邦準備銀行の統計によると、アメリカの平均的な世帯は、2015年時点でクレジットカードの借り入れが7,281ドルある。

つうです。返済ができなくなれば、家やマンションは銀行に取りあげられます。

毎年、返済後の残金に利子をつけるのです。銀行は住宅ローン以外にもいろいろなローンを用意しています。たとえば車の修理代など思いがけない出費があったとき使えるのが、当座貸越です。これは口座に預けている以上の金額を引き出せ、できるときに返済すればいいという制度で、引き出せる金額には上限があります。

重要事項

借金のメリットは、必要な物や欲しい物がすぐに手に入るうえ、長い年月をかけて毎月一定額を返済すればいいことです。借金の最大のデメリットは、銀行などの貸し手が利子をかけることです。つまり、借りたお金以上を返さなければなりません。返済額が2倍以上に膨れあがることもあります。返済はたいてい数年にまたがるので、利子は年利（1年ごとにかかる利子）で計算されます。貸し手はローンの元金に利子をつけるのではなく、

カードで支払う

クレジットカードで支払うという方法もあり、見のがせないバーゲンセールがあるときや、価格が安いときに旅行の予約をしておくのに便利です。クレジットカードでお金を借りることもでき、返済はあとからですが、デメリットもあります。一括で全額返済できず分割にした場合、高い利子がかかるので負債は増えていきます。どんな形の借金をするにも、返済の予定をきちんとたてることが大事で、さもないと借金で首がまわらなくなります。

参照：138–139

焦点

仕事の値段

自由市場では、賃金も供給と需要によって決まります。弁護士がたくさん稼ぐのは、必要とされる技能をもつ人が少ないからで、人々はそのサービスに大金を払います。カフェの店員の賃金が安いのは、その仕事をやれる人が大勢いるし、コーヒーを売って出るもうけが少ないからです。しかし、実生活では物事はそれほど単純ではありません。

賃金の奴隷

肉体労働者や不熟練労働者は、賃金表のいちばん下に位置します。彼らは交渉力をもたず、数が多いので代わりはいくらでもいます。企業は競争力をつけるため、不熟練労働者や肉体労働者を最低賃金で雇います。さらには、機械化をして労働者を減らしたり、安い外国人労働者を雇ったりします。不熟練労働部門の雇用は、短期契約であることが多く不安定で、業績が不振になるとかんたんに首を切られます。

男女の賃金格差

理屈のうえでは、おなじ仕事を取り合う場合、男性と女性は同等の交渉力をもつべきです。実際には、女性のほうが賃金は安く、アメリカの場合20パーセントも安くなっています。男女の賃金格差を少なくする法律が導入されていますが、差はなかなか縮まりません。いろいろな理由付けがなされていますが、いちばんわかりやすいのがこれです。つまり、性差別。

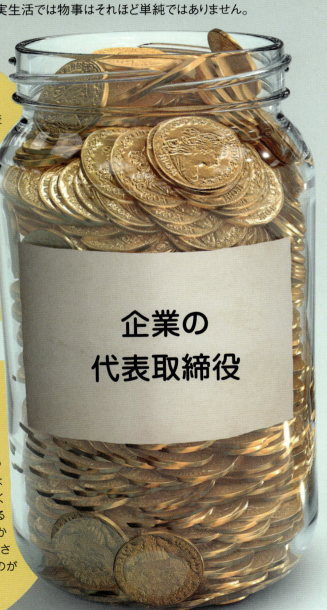

企業の代表取締役

個人の財産管理

「座って仕事をする人は、
立って仕事をする人より
たくさん稼ぐ」
　　　——オグデン・ナッシュ、アメリカの詩人

最高給取り

かつてのイギリスで最高給取りは専門職の人たち、医者や不動産鑑定士でした。訓練期間が長く、求められる技能レベルが高いので、なれる人が少ない職種です。最近では、有名人や企業のトップ、それに金融業で働く人たちが——高額のボーナスや手数料のおかげで——それに取って代わるようになりました。2015年のイギリスでは、株式ブローカーの平均年収が128,231ポンドで、ベテランの医師の80,628ポンドを大きく上回っています。

パイロット

建築作業員

> イギリスのトップ100企業の経営者は、フルタイム労働者の平均賃金の183倍稼いでいる。

人の嫌がる仕事

人が嫌がる仕事、人が休んでいる時間にやる仕事、それに危険な仕事をしている人たちもいます。それもたいてい劣悪な環境で長時間働いています。ほかに選択肢がないので仕方なく働いているケースがほとんどで、賃金も最低です。多くの発展途上国では、子供たちまでが、わずかな賃金で働かざるをえないのです。彼らが働くのは安い商品を作る搾取工場で、働き手の安全は考慮されていません。

↑ 稼ぎのちがい
先進国では、企業や銀行の重役が高給をもらっている。専門職の人たちも稼ぎがいいが、不熟練労働者は不況になると立場が弱い。

たいていの
支払いは
カードや
スマートフォンで
できる。

▼ **クレジットカード**
借金して物を買う効率的で早くて便利な方法だが、すぐに返済しないと高い利子がつく。

▼ **デビットカード**
デビットカードで買い物すると、銀行口座から直接お金が引き出され、支払先の口座に入金される。

どんな方法で支払う？

これまでずっと、商品やサービスの支払いに使われてきたのは硬貨や紙幣でした。しかし、ほかの支払い方法が徐々に導入されるようになりました。デビットカードやクレジットカード、それに電子送金などです。21世紀に入ると、少額でも現金を使わない取引がまたたく間に主流になりました。

> **お金は
> 貧者のクレジットカードである。**
> ——マーシャル・マクルーハン、
> カナダのメディア理論家

手元の現金

キャッシュレス社会へと移行しつつあるとはいえ、紙幣や硬貨はいまも広く使われています——新聞やコーヒー1杯といった少額を払うときに。発展途上国の小売店は、現金以外の支払いをおこなう設備が整っていません。ですから、外出するとき大金を持ち歩く必要はなくなったとはいえ、ポケットに小銭を入れておくべきかもしれません。たいていの人がお金を銀行に預けているので、その時々で必要なお金を、銀行の窓口かATMでおろす必要があり、そのとき必要になるのが、デビットカードやクレジットカードです。

すべてのカードを持つ

支払い方に革命を起こしたのが、こういったカードとその背後にあるテクノロジーです。ATMで現金をおろす以外にも、お店で物を買ったときや、テレフォンショッピングやオンラインショッピングで買い物したときに、カードが使えます。世界中の店や企業が、デビットカード払いやクレジットカード払いを認めており、専用のカード——ストアカード——を発行しているお店もあります。現代のカードは、

参照：12-13, 22-23

スマートフォン・アプリ

バンキング・アプリを使えば、クレジットカードやデビットカードとおなじように口座にアクセスできるが、PINを入力して確認をとらないため、安全上の理由から少額の取引にかぎられる。

現金

多くの人が、少額の買い物ならいまだに現金払いを好むし、小売店のなかにはカード払いを受け付けないところもある。

カード読み取り機を通すため、磁気ストライプや電子チップが埋め込まれたプラスチック製なので、カードで買い物することを"プラスチックを使う"と言うことがあります。PIN（暗証番号）を入力することで取引を確認すると、機械が銀行に指示してお金を店の口座に送金させます。デビットカードは口座からお金を出して支払いするしくみなので、口座に十分なお金が入っていなければ使えません。クレジットカードはこれとはちがい、銀行からお金を借りて支払うシステムで、あとで返済する必要があります。最近になって現れたのが、新世代の"スマートカード"で、電波を使って端末機と通信できる電子チップが埋め込まれています。超高速で——端末機にカードを挿入せず、軽く触れるだけ——"非接触型（コンタクトレス）"支払いができます。おなじようなテクノロジーは、スマートフォンのアプリにも導入され、カードに代わって使われています。

オンライン

現金やカードなしでできる支払いには、ほかの方法もあります。銀行の口座引き落としがそれで、電話や電気料金の支払いや、毎月の家賃の支払いなどに使われています。多くの銀行で、オンライン・バンキング・サービスをおこなっており、自宅のパソコンやタブレット、スマートフォンで口座のお金を管理できます。安全なウェブサイトにアクセスし、口座の残高確認や、口座情報がわかっている相手への送金など、便利に使えます。

オンライン支払い

多くの企業がインターネットを使って取引をおこなっている。あらゆる商品やサービスをオンラインで注文し、自宅に届けてもらうことができる。支払いはデビットカードやクレジットカード、あるいはPayPalのようなオンライン支払い会社を使う口座振込でおこなう。

ポケットには何が入っている？

旅行のお金

海外旅行がますますかんたんに、安くなっています。休暇を過ごすため、友人や親戚を訪ねるため、出張のためと、多くの人が気軽に海外に旅しています。仕事や勉強のために、よその国に移り住む人もいます。異なる文化を経験するのは胸躍ることで収穫も多いでしょうが、よその国の通貨を扱うのはときに大変です。

参照：20-21

> 旅の目的地は場所ではなく、
> あたらしい物の見方だ。
> ——ヘンリー・ミラー、アメリカの作家

休暇用のお金

世界には200ちかい国があり、そのほとんどが独自の通貨をもっています。ひとつの通貨を共有しているのは、ユーロ圏の19の国以外にはほとんどありませんから、外国に行ったら、そこに暮らす人々はちがうお金を使っています。アメリカドルのような主要通貨が使える国もないわけではありませんが、たいていは現地の通貨で支払わなければなりません。そこで必要なのが両替で、銀行や両替所でやってくれます。ここで忘れてはならないのは、自国のお金と同額を両替できるわけではないことです。銀行も両替所も何パーセントかの手数料をとります。

海外旅行のために両替すれば手数料をとられる。

ユーロ硬貨の外見は、作られる国によって異なるが、ユーロ圏のなかならどこでも使える。

両替コスト

たとえばイギリスのポンドをドルに替える場合、正式の為替レートが1ポンド＝1.50ドルだとすると、両替所はそれより低いレートで売り、高いレートで買います。つまり、両替すると1ポンドが1.40ドルにしかならず、差額の10セントは手数料として銀行がとります。しかし、旅行から戻ってドルをポンドに替えようとすると、1ポンド買い戻すのに正式の為替レートより10セント高い1.60ドル必要となります。両替の手数料は場所によってちがい、低いところで5パーセント、高いところでは15から20パーセントもとられます。空港や観光地では、銀行や郵便局より高い手数料をとられるのがふつうです。為替レートもつねに変動しているので、事前に計画をたて、望ましいレートのときに信用のおける銀行で両替しておくと節約になります。

すてきなプラスチック

べつに現地通貨に両替しなくても、旅先で買い物できます。デビットカードやクレジットカードは世界中どこでも使えますから、ホテルでもレストランでもみやげもの屋でも困りません。プリペイドのデビットカードもあり、出発前に必要な額を入金しておけば安心です。少額の買い物のときは現金が必要でしょうが、これもデビットカードやクレジットカードを使い、現地のATMで引き出せばいいのです。残念ながら、この場合も両替の手数料はとられます。現地通貨でおこなった支払いに対し、銀行は自分たちに有利な為替レートで両替して手数料をとりますし、現地のATMでお金を引き出す場合もおなじです。

自宅から一歩も出ていないのに、両替手数料をとられることもあります！　オンラインで外国から物を買い、その国の通貨で支払いをすれば両替手数料をとられます。会社を経営していて、外国の顧客や供給者と売り買いすれば、やはり両替の必要がありますから手数料をとられます。

両替所

銀行や郵便局でも両替できるが、それを専門におこなう会社もある。両替所と呼ばれるこの会社は、観光地や都市の中心街、空港や鉄道駅にあり、扱う通貨や為替レート、手数料などを記した看板を掲げている。

ポケットには何が入っている？

備えあれば……

わたしたちは子供のころ、何か欲しい物があるならお金を貯めて買いなさい、と教えられました。大人になって稼いだお金から生活費を支払うと、あとにはほとんど残りません——それでも、少額でもよく考えて貯めれば、使いでのある額になるものです。

どこか安全な場所

世界のどこでも、親は子供に貯金の大切さを教えます。将来のことを考え、使うよりもどこか安全な場所に貯めておきなさい、と。少しずつでもこつこつ貯めれば、ふつうなら買えないような物も買えるだけの額になります。壊れたパソコンを修理するとか買い換えるといった、急な出費に備えることも貯金の目的です。子供の貯金といえば子豚の貯金箱が思いうかぶでしょうが、額が大きくなったら、ただしまっておくよりもよい方法があります。たとえば銀行に預けると、安全であると同時に利息がつくので、早く貯まります。

参照：128-129

裕福になりたいなら、
稼ぐだけでなく貯金することも考えよ。
——ベンジャミン・フランクリン

お金をふやす

銀行口座にはいろいろな種類があり、なかには貯金に特化したものもあります。利率もいちばん高く、口座の元金に毎月、あるいは毎年利息が上乗せされます。たとえば親戚からお小遣いや遺産として100ポンドもらい、貯金したいと思ったら、年利10パーセントの定期預

初期投資
1,000ポンドを預金するなら定期預金口座がいい。たとえば期間は10年で利率は10パーセント。

1年後
1,000ポンドの元本に100ポンドの利息がつくから、合計1,100ポンド。翌年は1,100ポンドの10パーセントが上乗せされる。

5年後
お金は毎年ふえつづける。前年の利息を含めた分に利子がつくので、5年後には1,610.51ポンドにふえている。

貯金は時がたって大きくなり…

個人の財産管理

金口座に預けるとよいでしょう。1年後には、10パーセントの利息が上乗せされて110ポンドになっていますが、この口座の利子は複利なので、つぎの年には110ポンドの10パーセント、つまり11ポンドが上乗せされます。元本が何年で2倍になるかを知るのに、"72の法則"と呼ばれるかんたんな計算法があります。年利xパーセントとして、72をxで割るだけ。つまり年利8パーセントなら、9年で倍になる計算です。子豚の貯金箱に貯めるよりずっといいと思いませんか。

世界で最初の子豚の貯金箱が作られたのは、14世紀、インドネシアのジャワ島だ。

固定金利

実際のところ利率は変わるので、毎年利息が上乗せされる時点の利率にしたがって元本がふえていくのです。口座を開設したときの利率より高くなることも、低くなることもあります。この不確実さを避けたいなら、一定の期間、利率を固定して

> きょう、だれかが木陰に座れるのは、ずっと昔にだれかが木を植えたからだ。
> ——ウォーレン・バフェット

口座を開設することができます。しかし、そうすると利率があがったときに損することになります。

長く預ける

お金を口座に長く預ければ、元本はそれだけふえます——ときどき追加で預け入れをすれば、もっと早くふえます。ある期間、たとえば5年とか10年、お金を引き出さないと約束すれば、銀行は最高の利率を提供してくれます。満期になったときにより大きな額になっているわけですが、緊急時にお金を使えないとか、満期前におろすと違約金をとられるというデメリットがあります。しかしこれは、よほどのことがないかぎり定期預金に手をつけないための、歯止めになります。

参照：144-145

> **満期には思いがけない大金が**
> 7年後には、1,000ポンドがほぼ倍の1,948.72ポンドになっている。10年後の満期時には、2,593.74ポンド受け取れる。

投資のために買う

たいていの人が必要な物や欲しい物を買って、余った分は貯金にまわす。しかし、なかには余った分で物を買う人もいる。いずれ価値があがると思われる物、たとえば家や金、宝石や絵画、上等なワインなどに投資するのだ。

…将来の備えとなる

計画をたてる

生きていれば何度となく決断を迫られることがあるものです。どんな人生を送るか。どんな仕事につくか。どこに住んで何にお金を使うか。将来のことを考えるとき忘れてならないのは、先のことは予測不可能だから、うまくいかなくなったときに、自分の安全を守れるよう計画をたてておくことです。

> **年金は賃金の後払いにすぎない。**
> ——エリザベス・ウォーレン、アメリカの学者、政治家

責任をとる

若い人が家を出て自立したら、自分で責任をとる生活がはじまります。食糧や服などを買うことも、住む場所を見つけて家賃を払い、生活費を払うことも、すべて自分で決めなければなりません。責任をとるためには収入を得る必要があり、ふつうは仕事につくか、自分で仕事をはじめます。年を重ねるにつれお金にまつわる責任は大きくなります。たとえば、住宅ローンを組んで家やマンションを買うとか、会社をおこすのに借金するとか。そうなると長い期間、毎月の返済に追われます。払えるだけの収入があるならなんでもないことですが、いざというときに備えて計画をたてておかないと大変なことになります。収入がとだえても返済はつづきます。それに、共同経営をしていたり、家族をもっていれば、みんなに迷惑をかけることになります。

うまくいかなくなったとき、どうする？

将来の計画をたてるとき、失敗するとはだれも思いたくないものです。とくにあたらしい仕事についたときや、結婚したとき、家を買ったときにはなおさらのこと。しかし、人生に失敗はつきもので、勤めている会社の業績が悪化すれば、自分は悪くなくても失業する可能性はあります。病気で働けなくなるかもしれません。たいていの国で、病人や失業者に対し、税金を元手に財政援助をおこなっています。

計画をたてれば、ばら色の未来が約束されるだろう！

先を見る
人生は予測不可能だが、計画をたてることは、旅をより快適にするひとつの方法だ。保険や貯金は、財政難に直面したときの資金になり、思わぬ出費をカバーしてくれる。

> 願い事には
> エネルギーがいるが、
> 計画をたてるのもおなじだ。
> ――エレノア・ルーズベルト、
> アメリカの政治家

しかし、それだけでは生活するのがやっとです。ですから、計画をたてるときに、なんらかの安全策を講じておくことが大事なのです。緊急事態に備えて定期貯金をするのもよいですが、保険に入っておけばより安全です。借金をしたり、住宅ローンを組むときに保険に入れば、返済できなくなったとき代わりに払ってもらえます。病気や事故のとき、医療費をカバーしてくれる保険もあります。生命保険は、残された遺族にお金が支払われる保険です。

年をとる

年をとると環境が変化します。仕事をやめたいと思うときがくるかもしれませんが、それでも収入は必要です。年金だけでは、これまでどおりの快適な暮らしは送れませんので、個人年金を積み立てておいて、不足分をおぎなう必要があります。日本の厚生年金は、勤めているあいだ毎月積み立て、雇用者も同額を負担するものです。

計画とは自分の将来に備えることですが、死んだあとのことも考えておく必要があります。あとに残される者が生活に困らないようにするのが生命保険です。死んだときにもっていた財産には税金がかかり、残った分は家族や友人にわたります。あなたの意思を公式文書にした遺言を作っておけば、だれが遺産をつぐか、だれが税金を払うかで揉め事が起こらずにすみます。

> 船乗りや海賊が金のイヤリングをつけているのは、海で死んだときの葬式代だという言い伝えがある。

家族を作る

若い人たちはいずれ家を出て自活する。定収入を得るようになって経済的に安定したら、つぎは住む場所の確保で、家賃を払ったり、住宅ローンを返済したりと長期間にわたる責任が生じる。自分の家庭をもてば、子供を養うために金銭的な責任を負うことになる。

実生活のなかの
個人の財産管理

計画的に
お金を管理し、きちんと予算をたてるためには、収入と支出を把握する必要があります。これをうまくやるコツは、記録をつけることです。家計簿やパソコンを使って、何に使ったか、いくら稼いだかを記録するのです。銀行口座を定期的にチェックすることも忘れずに。

安全な旅行
海外旅行は、なにかあったときに高くつきます。悪天候で遅れが生じたら、予算外の出費が生じますし、強盗にあったり病院で治療を受けたりすれば、さらに出費は増えます。安全対策として、出発前に旅行保険に入っておきましょう。旅行保険には、一度の旅行だけをカバーするものと、海外に行くたびに使えるものとがあります。

準備する
銀行はお金を貸すときに、借り手の返済能力や、家などの担保があるかどうかを調べます。銀行が必要とする情報を提出できれば、融資はうまくいくでしょう。ですから、銀行に行く前に準備しておくことが肝心です。

助けになる
余分なお金を貯金するのに、どれがいちばんいい方法かを知るのは大変です。いろんな種類の貯金がありますから、個人の金融アドバイザーに相談するのもいいでしょう。融資を受けるときや、借金を抱えて困っているとき、相談にのってくれる団体もあります。

個人の財産管理

求人市場
若い人の失業率は高くなる傾向があり、ひとつの求人に大勢の若者が殺到することもふつうです。労働市場で競争力をもち、よい仕事をつかむのに、ほかの応募者が持っていない資格や技能を身につけていると有利です。

インターネット・セキュリティ
インターネット取引を安全におこなうため、銀行やプロバイダーはソフトウェアや暗号法を使っています。しかし、自分のお金を守るのは自分です。暗証番号（PIN）やパスワードはだれにも教えず、信用のおけるサイトしか利用しないこと。スマートフォンにはハッカーがねらう情報が入っているので、財布と同様にきちんと保管すること。

個人の財産管理は、会社経営に似ています。財政危機におちいらないように、お金の出入りを監視し、収入と支出のバランスをとる方法を見つけなければなりません。

もしものときに
保険に入ることは、自分を守るための賢い選択です。何かあったとき保険に入っていないと、金銭的に大きな痛手をこうむります。保険に入るときは、セールスマンの口車に乗らないこと、保険内容をしっかり読むことが大事です。たとえば電気製品を買うときに、盗難や故障をカバーする保険を勧められるかもしれません。掛け金が高くて新品を買ったほうがいいとしたら、入る必要はありません。

自分の家
若い人が自活をはじめて最初に住むのは、賃貸住宅がふつうです。そのうち、住宅ローンを組んでマンションや一戸建てを買う決心をします。自分の資産になるというメリットはありますが、維持費やローンの返済などのお金を支払う責任も生じます。

経済学者人名録

モーリス・アレ (1911—2010)
フランスの経済学者、モーリス・アレは行動経済学の先駆者の一人。意思決定の心理学、とくに複数の選択肢を前にしたときの経済行動の合理性について研究した。パリで数学を学んで技師として働いたのち、国立高等鉱山学校の経済学教授となる。1988年、ノーベル経済学賞受賞。

リチャード・イースタリン (1926—)
アメリカのリチャード・イースタリン教授は、1974年に"イースタリン・パラドクス"を提唱した。30年にわたって世界19か国で幸福度を調査した結果、幸福度は予想どおりに収入の伸びと比例していたが、国民所得に差があるにもかかわらず、国ごとの大きなちがいは見られなかった。豊かな国がもっとも幸せとはかぎらず、アメリカの場合、1946年以降GDPは増えつづけているが、幸福度は1960年代に頭打ちとなった。このパラドクスに刺激をうけ、経済と幸福の関係が研究されるようになった。

フリードリヒ・フォン・ヴィーザー (1851—1926)
オーストリア学派の主要メンバーであるフリードリヒ・フォン・ヴィーザーは、公務員として働いたのちウィーン大学の教授に就任した。"限界効用"(p.41参照)や、自然価値論、機会費用論で有名。

マックス・ウェーバー (1864—1920)
ドイツのエアフルトで生まれたマックス・ウェーバーは、近代社会学の祖であり、ドイツのいくつかの大学で教授を務めた。著書『プロテスタンティズムの倫理と資本主義の精神』で、北ヨーロッパの社会的宗教的雰囲気が資本主義や工業化と結びついて、経済成長の推進力となった、と述べている。

ベアトリス・ウェッブ (1858—1943)
シドニー・ウェッブ (1859—1947)
経済学者で歴史学者、活動家のベアトリス・ウェッブと夫のシドニーは、イギリスの労働組合運動、協同組合運動、社会主義知識人によるファビアン協会、それにイギリスの二大政党のひとつ、労働党の設立に力を尽くした。ウェッブ夫妻は、最低賃金や福祉国家の実現に向け、社会改革を推し進めた。共著の本も多数出版したほか、ロンドン・スクール・オブ・エコノミクスの共同設立者でもある。

ソースティン・ヴェブレン (1857—1929)
ノルウェー移民の両親のもと、ミネソタ州の農場で育ったソースティン・ヴェブレンは、同時代の主流派経済学者の考え方をことごとく拒否した。社会学と経済学を融合した型にはまらないアプローチを発展させて資本主義を批判し、著書『有閑階級の理論』で"誇示的消費"について言及し、"ヴェブレン財"(p.59参照)にその名を留める。

マリリン・ウォリング (1952—)
政治家で経済学者のマリリン・ウォリングは、ニュージーランドのナルワヒャで生まれ、23歳で国会議員に当選した。1984年に政治の世界から離れ、学問の世界に身を置いた。主流派経済学は国に対する女性の貢献を無視していると指摘した著書『新フェミニスト経済学』はフェミニスト経済学の道しるべとなった。

エルンスト・エンゲル (1821—1896)
1885年、ドイツの統計学者、エルンスト・エンゲルは、需要の"弾力性"を提唱し、所得の変化が需要レベルを変えることを示した。"エンゲルの法則"とは、収入が増えるほど、家計の総支出に占める食費の割合は低下するが、ぜいたく品——休暇旅行など——の支出は収入の伸びに応じて増える、というもの。

エリノア・オストロム (1933—2012)
女性初のノーベル経済学賞受賞者(2009年、オリヴァー・ウィリアムソンと共同受賞)。カリフォルニア州ロサンゼルスに生まれ、UCLAで学び、インディアナ州立大学、アリゾナ州立大学で教えた。政治、政府、経済の研究、とくに公共財とサービスの自主管理についての研究で知られる。

ダニエル・カーネマン (1934—)
エイモス・トベルスキー (1937—1996)
p.88参照

ジョン・ケネス・ガルブレイス (1908—2006)
ジョン・ケネス・ガルブレイスはカナダとアメリカで経済学を学んだ。イギリスのケンブリッジ大学で教えているときに、ジョン・メイナード・ケインズ(p.111参照)に多大な影響を受けた。第二次世界大戦中、米連邦政府物価統制局の副局長を勤めたが、恒久的価格統制を支持したため辞任に追いやられた。ジャーナリスト、学者、ケネディ大統領の経済顧問といくつもの顔をもち、1958年刊行の『ゆたかな社会』は広い読者層を獲得した。

ロバート・ギッフェン (1837—1910)
価格の上昇に対して需要が増加するギッフェン財にその名を残す、スコットランドの金融ジャーナリストで統計学者、経済学者。もともとのギッフェン財とは、19世紀イギリスの最貧困層の基本食料品であるパンだった。パンの

価格が上昇すると、肉を買えない貧者は、生き延びるために収入のほとんどをパンに注ぎ込む。ほかの食品を買わなくなるので、パンの需要が増大する。

アントワーヌ・オーギュスタン・クールノー（1801―1877）

比較的貧しい家庭に生まれたアントワーヌ・クールノーは、数学を学び、家庭教師やナポレオン軍将軍秘書を経て大学教授となる。数学を経済学に応用した先駆者で、工業生産を独占と複占の利益と比較し、世界ではじめて需給曲線を用いて需要と価格の関係を説明した。

ポール・クルーグマン（1953―）

アメリカの経済学者、ポール・クルーグマンは、国際貿易と金融の先駆的研究と、通貨危機と財政（税制）政策の分析で知られている。2008年、新貿易理論として知られ、地理学を経済の中心にすえた国際貿易のモデル化でノーベル経済学賞を受賞した。経済活動の場所は、多種多様なブランドを求める消費者の好みと、生産者の規模の経済性、および商品の輸送コストによって決まると説く。

ジョン・メイナード・ケインズ（1883―1946）

p.111参照

フランソワ・ケネー（1694―1774）

近代経済学者の一人、フランソワ・ケネーはベルサイユ近郊のメレで生まれた。医学を学んだのち、国王のお抱え医としてベルサイユ宮殿で暮らしながら、経済学の研究にいそしみ、1758年に経済活動を説明した最初の書物の一冊、『経済表』を著した。

ハーバート・サイモン（1916―2001）

真の博識家であるハーバート・サイモンは、政治学や経済学はもとより、心理学、社会学、コンピュータサイエンス、人工知能など様々な分野における傑出した思想家である。その幅広い知識を結集して行動経済学のパイオニアとなり、"限定合理性"（p.88参照）の研究で1978年ノーベル経済学賞を受賞。

ジェフリー・サックス（1954―）

1980年代から1990年代にかけて、ラテンアメリカや、共産主義国だった東欧やソ連邦の政府の経済顧問を歴任した。現在は持続可能な開発と公衆衛生の問題に取り組んでいる。ミシガン州デトロイト生まれ、ハーバード大学で学位をとり、20年以上教えていた。2002年からは、コロンビア大学地球研究所所長。

ウィリアム・ジェヴォンズ（1835―1882）

イギリスの経済学者、ウィリアム・ジェヴォンズは、論理学と経済学の本を多数著している。商品価値を決めるのは生産コストではなく、消費者が感じる効用であると説いた。彼の"限界効用"論は、消費者の行動を説明するものだ。チョコレートの最後のひと口からは、最初のひと口ほどの満足感は得られない。チョコレートを食べれば食べるほど、その効用（価値）――限界効用――は低下するので、価格がさがれば買うけれど、そうでなければべつの商品を買ってさらなる効用を求める。

ヨーゼフ・シュンペーター（1883―1950）

オーストリア・ハンガリー帝国のモラヴィアに生まれたヨーゼフ・シュンペーターは、子供のころにウィーンに移り、大学まで進む。ツェルノヴィッツ大学（現ウクライナ）、グラーツ大学（現オーストリア）で教鞭をとった。第一次世界大戦後、オーストリア共和国の大蔵大臣に就任、ビーダーマン銀行の頭取を経て1924年にアメリカに移った。マルクス（p.48参照）と同様、資本主義システムは破壊的だとしたが、資本主義がもたらすイノベーションは"創造的破壊"であると論じた。

ニコラス・スターン（1946―）

イギリスの経済学者、ニコラス・スターンは、世界銀行副総裁を務めたのち、イギリス政府の次官や経済顧問を歴任した。2006年、アフリカ政策調査会長官として、気候変動と開発が経済におよぼす影響を調べ、"スターン報告書"にまとめ、気候変動は"かつて例をみない市場の大失敗の結果"と結論付けた。

ジョセフ・スティグリッツ（1943―）

アメリカの経済学者、ジョセフ・スティグリッツは情報経済学の研究で知られ、1990年代、ビル・クリントン大統領の経済顧問を務める。世界銀行のチーフエコノミスト。自由市場経済、とくに多国籍企業とIMFや世界銀行が牽引するグローバリゼーションを批判した。

ジョージ・スティグラー（1911―1991）

ミルトン・フリードマン（p.118参照）と共にシカゴ学派の主要メンバーで、1982年にノーベル経済学賞受賞。ワシントン州シアトルに生まれ、シカゴ大学で学んだ。ニューヨークのコロンビア大学で教えたのち、1958年に古巣のシカゴに戻った。産業組織論と経済学史を研究するかたわら、情報経済学というあたらしい分野を切り開いた。

アダム・スミス（1723―1790）

p.32参照

ジャン＝バティスト・セイ（1767―1832）

供給はみずから需要を生み出す、という"セイの法則"で知られるフランスの経済学者、ジャン＝バティスト・セイは、フランスで生まれたが教育はイギリスで受けた。商人となって繊維工場を経営したが、パリで政治雑誌の編集もおこない、アダム・スミス（p.32参照）の思想の普及に努めた。

アマルティア・セン（1933―）

インドの経済学者、アマルティア・センは、資源配分を論じる厚生経済学の業績により1998年ノーベル経済学賞を受賞。カルカッタ大学とイギリスのケンブリッジ大学で学び、インドやアメリカ、イギリスの大学で教鞭をとっている。

チャン・ハジュン（張夏準）（1963—）
韓国生まれのチャン・ハジュンは、イギリスのケンブリッジ大学で研究をつづけている。主流派経済学開発政策を批判する急先鋒。『はしごを外せ—蹴落とされる発展途上国』『世界経済を破綻させる23の嘘』などの著作を通して、自由貿易とグローバリゼーションに疑問を呈し、貧困と戦うためのべつな介入の仕方を提唱している。

ジェイムズ・トービン（1918—2002）
1960年代、ジョン・F・ケネディ大統領の経済顧問を務めたジェイムズ・トービンは、ハーバード大学で学び、ジョン・メイナード・ケインズ（p.111参照）に出会って彼の経済政策の擁護者となった。税のエキスパートで、金融市場における投機的金融取引に課税する"トービン税"でその名を知られる。

ジェラール・ドブルー（1921—2004）
フランスの数学者、ジェラール・ドブルーは1948年にアメリカにわたり、シカゴ大学コウルズ委員会に参加、経済問題の分析に数学を用いた。1983年、一般均衡理論——市場はいかにして、需要と供給の公平で効率的かつ安定的バランスをとりうるか——の研究でノーベル経済学賞を受賞。

ジョン・フォーブズ・ナッシュ（1928—2015）
1994年ノーベル経済学賞受賞者。"ゲーム理論"を研究した天才的数学者で、経済的意思決定において、人がどのように他者と影響しあうかを説明した。ハリウッド映画『ビューティフル・マインド』は、統合失調症に苦しむ彼の人生を描いたものである。

フリードリヒ・ハイエク（1899—1992）
p.100参照

ロバート・パットナム（1941—）
アメリカの政治社会学者、ロバート・パットナムは公共政策と社会変化に関心をもち、著書『孤独なボウリング—米国コミュニティの崩壊と再生』で、アメリカにおける社会と経済の関係を掘りさげた。社会のネットワークを"社会資本"と呼び、現代社会で減少しつつある資源ととらえている。

ヤニス・バルファキス（1961—）
ギリシャのアテネ生まれで、"自由擁護のマルキスト"を自称するヤニス・バルファキスは、イギリスで数学を学んだのち、経済学で博士号を取得。1988年、オーストラリアのシドニー大学で教鞭をとったが、2000年にギリシャに戻り、アテネ大学で教えながら、政府の経済顧問も務める。2015年、左派のツィプラス政権で財務大臣に任命されたが、7か月後に辞任した。これは国際金融機関から救済融資の見返りに押しつけられた緊縮財政政策に反対する意思表示だった。

ヴィルフレド・パレート（1848—1923）
フランス人の母とイタリア人の父のあいだにフランスで生まれたパレートは、イタリアで工学を学び、鉄道会社に技師として就職した。やがて経済学と社会学に興味を抱き、45歳でローザンヌ大学の政治経済学の教授となった。厚生経済学と所得分配の研究で有名。資源配分に関する概念のひとつ"パレート効率性"にその名を留めている。

アーサー・ピグー（1877—1959）
ケンブリッジ大学でアルフレッド・マーシャルに師事したイギリス人経済学者、アーサー・ピグーは、他者に利益や不利益をおよぼす外的影響を生み出す企業に課す追加税、"ピグー税"の概念を発展させた。1908年、ケンブリッジ大学の政治経済学教授に就任し、1943年まで務めた。

デイヴィッド・ヒューム（1711—1776）
18世紀イギリスでもっとも影響力のあった哲学者、経済学者。12歳でエジンバラ大学に入学し、パリとロンドンで暮らしたのちエジンバラに戻る。多作家で、政治的に自由でいるために経済的自由は不可欠と説いた。また、価格は貨幣供給の変動にしたがって変化する。輸入を制限し、輸出を奨励しても国の富は増えない。その代わり、輸出が増えれば、多くの金が流入し、商品の価格は上昇するとした。

ユージン・ファーマ（1939—）
第三世代のイタリア系アメリカ人、ユージン・ファーマは一族のなかでただ一人大学に進学した。1960年代、株式市場の価格変動は短期間で予想するのは不可能であり、価格はあたらしい情報に即座に反応し、それが市場の効率化に結びつく、と論じた。"効率的市場論"の父として、2013年にノーベル経済学賞を受賞した。

ミルトン・フリードマン（1912—2006）
p.118参照

ラグナル・フリッシュ（1895—1973）
ノルウェー生まれのラグナル・フリッシュは、父の跡を継いで金銀細工師になった。経済学に数学や統計学を取り入れた先駆者で、"計量経済学"や"ミクロ経済学""マクロ経済学"といった用語の名付け親でもある。1932年、オスロ大学に経済研究所を設立、1969年、共同研究者のヤン・ティンベルヘンとともに、世界最初のノーベル経済学賞を受賞した。

ジャン・ボダン（1530—1596）
フランスで仕立て屋の息子に生まれたジャン・ボダンは、弁護士で歴史学者、政治思想家としても有名。インフレーションに関する先駆的著書を出版。人口が増えつづけた16世紀に、商品の量と流通する貨幣の量を結びつけ、ヨーロッパにおける価格上昇は、南アメリカのスペイン植民地からの銀と金の流入に起因するとした。

アルフレッド・マーシャル（1842—1924）
イギリスでもっとも影響力のある経済学者の

一人で、新古典派経済学の祖であるマーシャルは、経済学に科学的メソッドを持ちこんだ。著書『経済学原理』は、問題のあらゆる局面を総括的に解説したもので、以後50年にわたり経済を学ぶ者たちの教科書となった。ブリストル大学、ケンブリッジ大学で教鞭をとり、多くの弟子を育てあげた。ジョン・メイナード・ケインズ（p.111参照）もその一人。

カール・マルクス（1818−1883）
p.48参照

トマス・マルサス（1766−1834）
イギリスの経済学者、トマス・マルサスは、父と親交のあった二人の哲学者、デイヴィッド・ヒュームとジャン＝ジャック・ルソーを名付け親とし、ケンブリッジ大学に進んだ。英国国教会の聖職者となったが、人口増加と貧困の研究で有名である。1805年、イギリスで初の政治経済学教授となった。

ルードヴィヒ・フォン・ミーゼス（1881−1973）
オーストリア学派の主導的経済学者、フォン・ミーゼスはウィーン大学でオイゲン・ベーム・フォン・バベルクに師事した。1930年代、ナチスの台頭にともないジュネーブへ移り、そののちニューヨークに居をすえて大学で教えはじめた。彼の反社会主義経済学は、フリードリヒ・ハイエクなど20世紀後半のアメリカの新自由主義経済学者に多大な影響を与えた。

ジョン・スチュアート・ミル（1806−1873）
イギリスの著名な思想家を輩出した一族に生まれ、経済学者であると同時に哲学者、政治家、社会活動家でもあった。国の介入を受けない個人の自由を謳った彼の理論は、19世紀イギリスの政治的、経済的自由主義の礎となった。1860年代、下院議員となり社会的公正を訴え、奴隷制に反対し、妻のハリエット・テイラーと共に婦人参政権運動をおこなった。

ハイマン・ミンスキー（1919−1996）
金融危機の解説と、金融危機のはじまりを示す"ミンスキー・モーメント"（p.82参照）で有名なハイマン・ミンスキーは、セントルイスのワシントン大学経済学教授であった。彼が研究の対象としたのは、"にわか景気と大不況"につながる経済の好不況で、ケインズの影響を受け、政府に金融市場への介入を提言した。

カール・メンガー（1840−1921）
オーストリア領ガリチア（現ポーランド）に生まれたメンガーは、ウィーン大学経済学教授で、ある財をもう一単位増やしたときの商品の価値を説明する限界効用理論の創始者の一人である。当時主流だったドイツ経済学から離れ、同僚のオイゲン・ベーム・フォン・バベルクやフリードリヒ・フォン・ヴィーザーらと共にオーストリア学派を創った。

フランコ・モディリアーニ（1918−2003）
公然とファシズムを批判したユダヤ人のモディリアーニは、ファシストの独裁者、ムッソリーニから逃れるため、1938年に故国イタリアを離れた。一時期パリに住み、そののちアメリカに渡って経済学を教えた。マサチューセッツ工科大学の教授になり、1985年、貯蓄と金融市場の研究でノーベル賞を受賞した。

ダンビサ・モヨ（1969−）
ニューヨークを拠点とする、ザンビア生まれの国際経済学者。最初の著書『援助じゃアフリカは発展しない』で発展途上国の援助を批判して物議をかもし、一躍有名になる。アメリカで学んだのちオクスフォード大学で経済学の博士号を取得した。世界銀行やゴールドマン・サックスでキャリアを積み、開発と国際経済に関する著作や講演をおこなう一方、いくつかの大企業や銀行、慈善団体の役員に名を連ねている。

クリスティーヌ・ラガルド（1956−）
フランスのパリで生まれたクリスティーヌ・ラガルドは、法律を学んで国際弁護士事務所で弁護士として働いたのち、政治家に転身した。2005年、経済・産業・雇用大臣に抜擢され、のちに経済・財務・産業大臣に就任した。2011年、IMFの専務理事に選出された。

アーサー・ラッファー（1940−）
1970年代に、商品やサービスを供給する企業に対し、政府の介入は少ないほうがいいと説いた経済学者グループの一人。税率と税収の関係を示すラッファー曲線――税金をある程度以上あげると政府の税収はさがる――で知られる。

デヴィッド・リカード（1772−1823）
p.67参照

ダニ・ロドリック（1957−）
トルコ出身の経済学者、ダニ・ロドリックはアメリカで経済学を学び、ハーバード大学で国際政治経済学を教えているが、祖国トルコとの絆は強い。経済成長と国際経済の分野で強い影響力をもち、拡大するグローバリゼーションの広範な社会的、経済的効果と政府の対応について研究している。

ジョーン・ロビンソン（1903−1983）
ジョーン・ロビンソンはケンブリッジ大学で学び、夫の仕事で2年半ほどインドで暮らしたのち母校で教鞭をとった。ジョン・メイナード・ケインズ（p.111参照）の影響を受け、彼の一般理論を発展させて独自の金融経済学を確立した。マルクス派経済学にも関心を抱いていた。旅行家で、経済成長理論のパイオニアである。

レオン・ワルラス（1834−1910）
フランスの経済学者、レオン・ワルラスは工学を学び、雑誌記者や銀行の理事など職を転々としたのち、経済学者となった。スイス、ローザンヌ大学政治経済学教授に就任すると、経済分析に数学的手法を応用し、限界効用理論と一般均衡理論を発展させた。

用語解説

行

赤字　Deficit
不均衡。貿易赤字は、輸入が輸出を上回ること。財政赤字は、公共支出が税収を上回ること。逆が黒字。

インフレーション　Inflation
商品やサービスの価格が、長いあいだあがりつづけること。デフレーションの逆。

オーストリア学派　Austrian School
19世紀末、カール・メンガーによって創られた経済学の一学派。経済活動は個人の選択と活動の結果であるとし、政府の介入に反対の立場をとった。

行

会社　Company
物を作り、サービスを提供するため、二人以上が一緒に働く企業体のこと。"ファーム"とも言う。規模が大きくなると"コーポレーション"と呼ばれる。

外部性　Externality
経済活動によって生じ、価格に反映されない損失や恩恵が、部外者におよぶこと。たとえば、空港の騒音は近隣の住宅の価値をさげる可能性がある。一方、ハチミツをつくるために飼われているハチが近隣の農家の穀物の受粉を助けることもある。

株　Shares
企業の所有権の単位。投資家は企業に資金を提供する代わりに、株を買う。エクイティとも言う。

株式市場　Stock market
株が売買される市場。

カルテル　Cartel
企業が協力して商品の価格を決めたり、価格をあげるために供給を抑制したりする協定のこと。

関税　Tariff
国が輸入品にかける税金。

供給　Supply
売り出された製品の量。

供給と需要　Supply and demand
市場経済を支えるふたつ一組の原動力。需要過多になると価格はあがり、供給過多になると価格はさがる。

共産主義　Communism
カール・マルクスが創案した政治経済システム。土地と生産手段を集団で所有する。社会主義に似ていて、資本主義の対極にある。

競争　Competition
生産者が二人以上いて、より多くの顧客を獲得しようとよい条件を提示するところに競争が生まれる。競争が激しくなればなるほど、生産者は効率的になり価格がさがる。

金融政策　Monetary policy
経済を刺激する、あるいは減速させるために、通貨供給や利率を変えることを目的とする政策。

グローバリゼーション（グローバル化）　Globalization
お金や商品は人が国境を越えて自由に流れることで、総合市場を増やし、国同士の経済的相互依存を促進する。

黒字　Surplus
不均衡。貿易黒字は、輸出が輸入を上回ること。財政黒字は、税収が公共支出を上回ること。赤字の逆。

景気後退　Recession
経済の総生産高が減少する期間。それが長期におよぶ場合を不況と言う。

ケインズ学派　Keynesianism
政府の支出により経済を景気後退から脱却させることができると考える経済学派のひとつ。20世紀の最重要人物、ジョン・メイナード・ケインズの理論に基づく。

行動経済学　Behavioural economics
意思決定に影響をおよぼす心理的社会

的要因を研究する経済学の一学派。

コーポレーション　Corporation
法人として法的に認められている株式会社で、経営者は所有者である株主によって選ばれる。

国際収支　Balance of payments
一定期間、輸出によって海外から流入するお金の総額から、輸出で支払うお金の総額を差し引いた金額。

国有化　Nationalization
政府によって企業や産業を私有から公（国）有にすること。民営化の逆。

古典派経済学　Classical economics
18-20世紀にかけて、アダム・スミスらが発展させた経済学。国の成長と自由市場に焦点をあて、個人の利益の追求がすべての人に経済的利益をもたらすとした。

行

サービス　Services
調髪や運輸、銀行業など、無形の商品のこと。サービスと商品は経済活動の主要なふたつの要素。

債券　Bond
資金を集めるのに使われるローンの形。債務証券（セキュリティ）とも言う。政府や企業が多額のお金と引き換えに発行し、借り入れ額に利子を上乗せしたものを期日に支払うことを約束する。

債務　Debt
一方（債務者）が他方（債権者）に対しておこなう、借金を返済するという約束。

債務不履行　Default
約束の期日に借金を返済できないこと。

産業　Industry
商品やサービスの生産の一般用語。

GNP
国民総生産。一国の企業が一年間に作った商品とサービスの価値の総和。国内以外で生産されたものも含む。

GDP
国内総生産。一年間の国民所得を測るものさし。一国が一年間に生産した商品とサービスの総量で、国の経済活動や富を測るのに用いられる。

シカゴ学派　Chicago School
自由市場を守り、政府の役割の制限と統制撤廃を理想とする経済学者のグループ。1980年代に主流となった。

資産　Asset
お金や土地、設備など、個人の所有物で資源として利用できる物。いずれ支払われる商品の代金や、未払いの負債も資産とみなされる。

市場　Market
商品やサービスが売買される、物理的あるいは仮想的な場所。

資本　Capital
生産手段のこと。企業が商品やサービスを作って収入を得るために使用するお金や物的資産。

資本主義　Capitalism
経済システムのひとつ。生産手段は個人が所有し、企業は競争しながら利益を得るために商品を売り、労働者は労働の対価として賃金を受け取る。

社会主義　Socialism
社会的平等を目指す政治経済システム。資本と生産手段は労働者の代理である政府が所有し運営する。共産主義ほど極端ではないが、どちらも資本主義の対極にある。

自由市場経済　Free-market economy
政府の支配が最低限、あるいはまったくない状態で、供給と需要がバランス機能を発揮し、生産と価格が個人や企業によって決められる市場経済システム。

自由市場　Laissez-faire
レッセフェール。フランス語で"なすに任せよ"の意味。政府の介入を受けない市場を表す用語。

重商主義　Mercantilism
16-18世紀に主流だった経済思想。貿易黒字と潤沢な通貨供給を維持するために、政府が対外貿易を統制すべきだとしている。

自由貿易　Free trade
政府やほかの組織が課す関税や割り当て量などの制約を受けない、商品とサービスの輸入および輸出。

用語解説

需要 Demand
一人、あるいは大勢の人が進んで買おうとする商品やサービスの量。需要が多いほど価格は高くなる。

消費 Consumption
商品やサービスを購入し、評価すること。政府は個人の購入額を足し合わせ、国内消費を算出する。社会がより多くの資源を消費すればするほど、貯蓄や投資にまわすお金は少なくなる。

商品 Commodity
売り買いできる生産品やサービスのこと。一定の量をひとかたまりにして市場に持ちこむことのできる原材料（石油や小麦など）を指すことが多い。

商品 Goods
消費者の需要を満たすために売られる物的生産物や原材料。

助成金 Subsidy
政府から支給されるお金。人為的に価格をさげ、輸入品と競争できるように企業を保護することを目的とする。

新古典学派経済学 Neoclassical economics
現在の経済学の主流。古典派経済学の自由市場主義を発展させたもので、供給と需要、および合理的意思決定をおこなう個人の概念をもとにしている。

新自由主義 Neoliberalism
自由貿易と民営化を進め、政府の介入は最小限にとどめるべきと提唱する経済学や社会学の手法。

信用貸し Credit
延べ払いのこと。債権者（貸し手）は、信用のおける債務者（借り手）にお金を貸す。債務を支払う資金が口座に入っている状態を"イン・クレジット"と言う。

税 Tax
政府が企業と個人から取りたてる金銭。その支払いは法律で定められている。

生活費 Cost of living
食糧や住宅のような基本的必需品にかかる費用の平均。それぞれの都市や国で、ほどほどの生活水準を保つのにかかる費用を知る手がかりとなる。

生産 Production
商品やサービスを生み出すプロセス。一定期間に生産された商品の量も指す。

生産性 Productivity
個人や企業、あるいは一国の生産活動の効率の程度。一定期間の総生産量を労働時間あるいは労働者数で割ったもの。

政府 Government
国を動かすためのシステムやプロセス、あるいは、国を動かす人々のこと。経済学者は政府が経済にどの程度介入すべきかを論じる。

 行

多国籍 Multinational
いくつかの国で操業すること。多国籍企業は規模が大きく、国外で生産をおこなう。

担保ローン Secured loan
借り手の価値ある資産によって保証されたローンのこと。借り手がローンを返済できなくなれば、貸し手は資産を手に入れることができる。モーゲージは不動産を担保にするローン。

強気の相場 Bull market
株などの商品の価値があがっている期間。弱気の相場の逆。

デフレーション Deflation
商品とサービスの価格が、長いあいださがりつづけること。インフレーションの逆。

倒産 Bankruptcy
個人または企業が借金を支払えなくなったことを、法的に宣言すること。

投資 Investment
将来の生産と利益を増やすために資本を投じること。

独占 Monopoly
企業がひとつきりの市場。競争がないので、企業は少量しか生産せず、それを高い値段で売る。

 行

発展 Development
政策や投資によって国の経済が成長し、国民の福利が向上すること。より貧しい発展途上国の人々を援助しようとすること。

不況 Depression
経済活動が長期にわたって停滞し、需要

も生産も落ちこみ、失業者が増加して信用貸しが少なくなること。

物々交換　Barter
お金のような媒介物を用いずに、商品やサービスを直接交換するシステム。

分業　Division of labour
効率を高め、生産を増やすために、技能や資源に応じて個人や組織に仕事を振り分けること。

ヘッジ　Hedge
あらたなリスクを負うことによってリスクを減らし、いまあるリスクを相殺すること。ヘッジファンドとは、かぎられた数の富裕層や機関投資家から、公募ではなく私的に集めた資金を、様々な手法で運用する投資ファンドのこと。

貿易収支　Balance of trade
一定期間における一国の輸入と輸出の差額。

保護主義　Protectionism
輸入品に関税や割り当て量を課すことで、海外の競争相手から自国の企業を守るための政策。

行

マクロ経済学　Macroeconomics
利率やインフレーション、経済成長や失業といった要素を調べ、経済全体を扱う。経済学のもうひとつの分野にミクロ経済学がある。

ミクロ経済学　Microeconomics
経済主体の最小単位である家計と企業の経済行動、それに市場を研究対象とする経済学の一分野。もうひとつの分野にマクロ経済学がある。

民営化　Privatization
国有企業を個人投資家に売ること。国有化の逆。

モーゲージ　Mortgage
不動産の抵当権を担保に貸し付けるローンのこと。不動産そのものを買うために借りる場合も、ほかの目的で借りる場合もある。借り手が返済できなくなったら、貸し手は不動産を取りあげて売ることができる。不動産が担保の役目を果たす担保ローンの一種。

行

輸出　Exports
商品とサービスを外国に売ること。輸入の逆。

輸入　Imports
商品やサービスを外国から買うこと。輸出の逆。

輸入割当制　Import Quota
外国から輸入される一定の商品について、政府が数量や金額を制限する制度。

予算　Budget
予定される支出と収入を書き出した財務計画。

弱気の相場　Bear market
株などの商品の価値がさがっている期間。強気の相場の逆。

利益　Profit
企業の総収入から総コストを引いたもの。

利子　Interest
お金を借りるのにかかるコスト。利子が支払われることで、貸し手が負うリスクが報われる。

利率　Interest rate
借金の価格。一年に発生する利子の元本に対する割合。

索引

あ行

IFI　→国際金融機関
IMF　→国際通貨基金
ILO　→国際労働機関
赤字　99
アナリスト　8, 89
アメリカ連邦準備銀行　103, 135
アルトコイン　23
アレ、モーリス　148
暗号通貨　22–3
暗証番号（PIN）　21, 147
イースタリン、リチャード　148
イングランド銀行　103
インサイダー取引　74, 87
インターネット　43, 53, 147
インフラ　→社会基盤
インフレーション　84–5
ヴィーザー、フリードリヒ・フォン　148
ウェーバー、マックス　148
ウェッブ、ベアトリス&シドニー　148
ヴェブレン、ソースティン　59, 148
ウォール街大暴落　71
ウォリング、マリリン　148
ATM（現金自動預け払い機）　21, 128, 141
エクイティ　82
エコノミスト　→経済学者
エネルギー　36, **114–15**
円（日本円）　18, 19
エンゲル、エルンスト　148

援助　**112–13**
欧州委員会　107
応用経済学　9
オーストリア学派　24, 25, 100
お金
　価値　13, 20
　供給　102–3
　計画　**144–5**
　電子マネー　20–3
　売買　19
　発明　6
汚職　113
オストロム、エリノア　148
汚染　75, 77, 92–3, 95, 108
温室効果ガス　92–3, 95, 114
オンライン送金　21, 22, 59
オンラインのバンキング・サービス　128

か行

カーネマン、ダニエル　73, 88, 89
海外からの投資　105
海外調達　53, 69
外国為替　19, 78
開発経済学　9
開発途上国　→発展途上国
外部性　75
買い物　→ショッピング
価格
　価値を測る方法　13
　供給と需要　38–9, 78
　競争　46
　ハイパーインフレーション

　　84–5
　労働条件　35, 120, 137
学生ローン　134
化石燃料　95, 114, 115
価値
　商品の価値　**40–1**
　貯蓄する　7, 12, 13
　パラドクス　40, 41
　労働価値　41
家庭
　家庭をもつ　145
　コスト　131
株　15, 44, 45, 48, 49, 51, 72–3, 80, 81, 82, 101, 129
株式会社　**44–5**, 48–9, 100
株式市場　15, 45, 72–3, 80, 81, 82
株主　44, 45, **48–9**, 51, 100
空売り　79
カルテル　74–5
ガルブレイス、ジョン・ケネス　17, 49, 57, 148
為替レート　**18–19**, 140–1
環境に与える影響　34, 71, 75, 77, **92–3**, 95, 108
関税　67
間接税　77
機械化　42–3, 57
機会費用　41, 124, 125
企業
　資金集め　100–1
　所有者　48–9
気候変動　74, **92–3**, 95, 114, 115
希少　30, 38–9

希少価値　40
希少な商品　40
季節労働　57
偽造　26
偽造銀行カード　26
ギッフェン財　40
ギッフェン、ロバート　40, 148
規模の拡大　52–3
ギャンブラーの誤り　89
休暇　140–1
給料→賃金
供給と需要　14, 15, 31, 32–3, **38–9**
　需要を作り出す　39
賃金　136
バランス　64, 70
共産主義　24, 25, 47, 48, 49, 65
競争　**46–7**, 61, 86
　欠如　74–5
協同組合運動　**54–5**, 87
共同事業主　48–9
ギリシャ危機　107, 116
金　16, 17
銀　16, 17
緊急事態　142, 144–5
銀行　12, 13, 20, **128–9**
　カード　26, 128
　危機　91, 101, 117
　規制解除　90
　貯蓄（貯金）　142–3
　通貨供給　102–3
　ローン（融資）　100–1, 116–17, 135, 146
緊縮財政政策　91

金本位制　16
金融アドバイザー　→財務顧問
金融アナリスト　83
金融危機（2007–2008）　**90–1**, 116
金融派生商品　**78–9**, 82, 83
クルーノー、アントワーヌ・オーギュスタン　149
国の豊かさ　**98–9**
クルーグマン、ポール　67, 117, 149
クレジットカード　7, 12, 20–1, 128, 135, 141
グローバリゼーション（グローバル化）　**68–9**, 118
　良い面悪い面　**108–9**
黒字　38–9, 57, 99
群集心理　73
経営者　51, 52, 109, 119
計画経済　47
景気後退　→不景気
経済学　**8–9**, 24–5, 26
経済学者　**8–9**
　経済学者人名録　148–51
　さまざまな学派　24–5, 26
　未来予想　26
経済成長　**70–1**, 94, 104
経済的判断　**88–9**
経済人間　88, 89
経済問題　**30–1**, 32
ケインズ、ジョン・メイナード　25, 32, 47, 111, 117
ケインズ学派　25
ケネー、フランソワ　149
限界効用　40–41
現金　12, 20–1, 26, 128–9
現金自動預け払い機　→ATM
原材料　36, 50, 51, 52, 69, 108
建設業　37, 43
限定合理性　88

硬貨　16–17
交換手段　12, 16–19, 20
工業
　環境　**92–3**
　グローバル化　**108–9**
工業化（産業化）　92, 95, 104, 105
公共サービス　65
公共財　74, 75, 76–7
工業製品　37, 41, 43, 58
好景気と不景気　65, 71
工場　42, 48, 52, 137
行動経済学派　25, 88–9
公認会計士　9
公費　75
高品質の商品　53
効用　40–1
高利貸し　120
小売業　58–9
小切手　20
国際金融機関（IFI）　**106–7**, 113
国際通貨基金（IMF）　106, 107, 116
国際貿易　66–9, 99, 104
国際連合（UN）　110
国際労働機関（ILO）　106
国内総生産　→GDP
国有企業　49, 101
個人間決済システム　22
コスト
　起業　50–1, 100
　生産　50–1
古典学派　24, 41
子供の労働（児童労働）　35, 95, 120, 137
混合経済　49, 65
コンシューマリズム　→消費主義

さ行

サービス　→商品とサービス

サービス部門（産業）　36, 37, 43, 53, 59, 60
債券　→社債
債券　→債務証券
債権者　45
債券のパッケージ　83, 90
再生可能なエネルギー　115
サイバー・セキュリティ　27
財務顧問（金融アドバイザー）　9, 128, 146
債務者（負債者）　45
債務証券（債券）　82, 83
債務不履行　116–17
サイモン、ハーバート　25, 88–9, 149
サウス・シー・バブル　→南海泡沫事件
詐欺（不正行為）　103
先渡し契約　78, 82
搾取工場　35, 95, 120, 137
サックス、ジェフリー　149
サブプライム住宅ローン　90
産業　**42–3**
産業化　→工業化
産業革命　24, 42, 43, 58
GDP（国内総生産）　**98–9**
　減少　91
　一人あたり　99, 118
自営業　127
ジェヴォンズ、ウィリアム　149
シカゴ学派　25
私企業　48, 51
資金供給　**100–101**
資源の管理　27, 30–1, 60
仕事　56–7
　仕事選び　125, 127
　仕事と人生のバランス（ワークライフバランス）　**124–5**, 127
　将来性のない仕事　120
　生計をたてる　**126–7**
支出

支出をおさえる　**132–3**
貯金　129
不意の出費　144–5
予算　**130–1**
市場　7, **14–15**
　規制　**64–5**, 71
市場経済　24, 47
　失敗　**74–5**
　変動　70–1
市場の適所　61
市場のトレンド　81
自然災害　30, 121
慈善事業　112, 121
事前の計画　144–5
持続可能　92, 115
持続できる経済　71
時代遅れ　61
失業　57, 111, 126, 144–5, 147
児童労働　→子供の労働
支払い方法　**138–9**
自分の利益　86, 87
紙幣　6–7, 16–17, 20
資本財　31, 37
資本主義　**42–3**, 47, 49
資本を集める　45
社会移動　119
社会基盤（インフラ）　105, 108, 109, 113
社会主義　49, 65, 87, 119
社債（債券）　45, 80, 82, 101
借金　100, **116–17**, 120, **134–5**
　借金の帳消し　113
　貧しい国々　111, 113
自由市場　25, 46–7, 49, **64–5**, 68, 71, 77, 86–7, 95
　不均衡　118–19
自由思想　65
住宅協同組合　54, 55
自由と平等　118–9

索引

収入　→賃金
　予算　130–1
自由貿易　**66–7**
熟練労働者　56, 57
需要　→供給と需要
シュンペーター、ヨーゼフ　47, 149
衝動買い　133
消費財　37
消費社会　**58–9**
消費者協同組合　55, 87
消費者の権利／消費者保護　65, 87, 95, 133
消費主義（コンシューマリズム）　59
商品市場　15, 78
商品とサービス　14–15, **36–7**
　価値　40–1, 99
　供給と需要　**38–9**, 40
　分配　**32–3**
情報開示　74
情報テクノロジー　43, 53, 61
職業　→仕事
助成金（補助金）　65, 75, 101
ショッピング（買い物）　58–9, 133
所得税　77, 95
ジョブシェアリング　127
人口増加　30, 31, 71, 92
新古典学派　24, 25
人的資源　31, 53
ジンバブエ　85
信用格付け　134
信用組合　54
心理学と経済学　88, 89
スターリング　6
スターン、ニコラス　74, 149
スティグラー、ジョージ　149
スティグリッツ、ジョセフ　149
ステータスシンボル　59
ストライキ　56

スマートカード　21
スマートフォン　21
スミス、アダム　21, 24, 32, 33, 41, 44, 52, 58, 79, 86, 104
セイ、ジャン＝バティスト　64, 149
世界貿易機関（WTO）　106
生活水準　70, 71, 98, 99, 104, 111, 118, 121
生活費　99, 110
生活保護　111, 118, 126, 144
税金　65, **76–7**, 93, 95, 118
税金逃れ　77
生産コスト　50–1, 69
生産性
　競争　46
　効率的なビジネス　**52–3**
政治経済学者　8
ぜいたく品　43, 58, 59
政府
　お金を貸す　101
　銀行の救済　91, 101, 117
　国債　82
　産業　49
　資源の分配　32–3
　市場への介入　25, 33, 47, 64–5, 71, 74, 87, 111
　商品とサービスの提供　76–7
　生活保護　111, 118, 126, 144
　対外援助　112–13
政府の介入　64–5
世界銀行　106, 110, 113
石油　30, 60, 78, 105, 114, 121
絶対的貧困　110–11
セン、アマルティア　149
相対的貧困　111

た行

対外援助　112–13
大企業　49, 61, 69
大恐慌　25, 71, 111
大不況　91
大量生産　52, 53
多国籍企業　69, **108–9**
ただ乗り　75
脱工業化　43, 60
脱税　113
WTO　→世界貿易機関
男女の賃金格差　136
炭素の足跡　95
担保　116, 117, 131, 134, 144, 145, 146
地球温暖化　→気候変動
チャン・ハジュン（張夏準）　24, 150
中央銀行　103
チューリップ・バブル　72
直接税　77
貯蓄（貯金）　7, 12, 13, 128, 129, 131, 134, **142–3**, 146
賃金　42, 50, 56
　格差　**118–19**
　仕事と人生のバランス（ワークライフバランス）　**124–5**
　仕事の値段　**136–7**
　生計をたてる　**126–7**
　発展途上国　108–9
通貨　16–19
　固定する　106
　世界通貨　27
　デジタル　22–3
　旅行のお金　140–1
通貨供給（マネーサプライ）　102
強気の相場　80
帝国主義　104–5
テクノロジー　61

デジタル通貨　22–3
手数料　140–1
デビットカード　7, 12, 20–1, 128, 141
電子マネー　**20–1**, 22
天然資源　30–1, 60, 71, 92, 93, 105, 108
当座貸越　128–9, 135
倒産　45
投資家／投資　48, 49, 94, 101, 118, 128, 129, 142–3
トービン、ジェイムズ　150
独占　46, 74–5
特化市場　15
ドットコム・バブル　73
ドブルー、ジェラール　150
トベルスキー、エイモス　88, 89
富の分配　24, 65, **104–5**, 118, 119
トリクルダウン理論　119
取引　7, 24, 106
　倫理的な　**34–5**
ドル（USドル）　6, 16, 18, 19, 27, 140, 141
奴隷労働　35, 95, 120
トレーダー　8, 80–3
貪欲　86–7

な は行

流れ作業　53
NASDAQ（ナスダック）　15
ナッシュ、ジョン・フォーブズ　150
南海泡沫事件（サウス・シー・バブル）　72
日本円　→円
日本銀行　103
年金　111, 145
農業　36, 42, 43, 92, 93, 105
"バーチャルな"お金　21, 27

索引

ハイエク、フリードリヒ 24, 25, 100, 118
排気ガス 92, 93, 95, 115
配当 44
ハイパーインフレーション **84–5**
パスワード 21, 147
発展途上国（開発途上国） **104–5**
　援助 **112–13**
　グローバル化 108–9
　貧困と借金 **110–11**, 113
パットナム、ロバート 150
バフェット、ウォーレン 78, 81, 143
バブル経済 **72–3**
バルファキス、ヤニス 150
パレート、ヴィルフレド 150
犯罪 23, 26, 27, 65
比較優位 67
ピグー、アーサー 150
ビジネス
　効率 **52–3**
　サイクル 71
　しくみ **50–1**, 52–3
ビッグマック指数 120
ビットコイン 22, 23, 27
ヒューム、デイヴィッド 150
PIN →暗証番号
貧困 104–5, 109, **110–11**
　対外援助 112–13
　貧困の罠 111, 113
ファーマ、ユージン 150
フィナンシャル・エンジニアリング 83, 90
フェアトレード 34–5
フォード、ヘンリー 100
不換紙幣 6–7, 17
不況 70, 91
複利 143
不景気（景気後退） 70, 71
負債者 →債務者

不熟練労働 109, 136, 137
不正行為 →詐欺
物々交換 16
不動産投資 143
負の所得税 95
不平等 87, 110–11, 118–19, 120–1
フリードマン、ミルトン 25, 86, 95, 118
フリッシュ・ラグナル 150
分業 52
返済 116–7, 134–5, 146, 147
貿易
　自由貿易 **66–7**
　法定通貨（名目紙幣） 17, 18
保険 145, 146, 147
保護主義 67, 68
補助金 →助成金
ボダン、ジャン 150
ポンジ、チャールズ 103

行

マーシャル、アルフレッド 24, 25, 38, 150–51
マードフ、バーニー 103
マクロ経済学 9, 27, 111
マネーサプライ →通貨供給
マルクス、カール 15, 24, 25, 33, 41, 47, 48, 64, 87
マルクス学派 24, 41, 64
マルサス、トマス 92, 151
ミーゼス、ルードヴィヒ・フォン 47, 151
ミクロ経済学 9, 27
水 30, 60, 92, 110, 112
密輸 94
見習い期間のある仕事 127
未来の市場 78–81
ミル、ジョン・スチュアート 42,

151
ミンスキー、ハイマン 82, 151
ミンスキー・モーメント 82
名目紙幣 →法定通貨
目玉商品 60
メンガー、カール 151
モディリアーニ、フランコ 151
モヨ、ダンビサ 113, 151
モラル・ハザード 117

行

役員 44, 49, 51
約束手形 20
家賃 131, 132, 147
遺言 145
USドル →ドル
UN →国際連合
有価証券 **82–3**, 90
有限責任 44
融資 →ローン
裕福
　貧困 104–5, 110
ユーロ 18, 19, 140
ユーロ圏 19, 140
輸出 43, 66–9, 95
豊かさ
　国の豊かさを測る **98–9**, 118, 120
輸入 43, 65, 66–9, 94
ヨーロッパ中央銀行 107
ヨーロッパ連合 19
余暇 59, 60, 124–5, 131
預金 102, 117
予算 130–5, 146
予測 **80–1**, 94
弱気の相場 80
ラガルド、クリスティーヌ 151
ラッファー、アーサー 77, 151
利益 50, 51
利益追求 **86–7**

リカード、デヴィッド 67
利子（利息） 116, 117, 129, 135, 142–3
リスク **80–1**, **82–3**, 117
利息 →利子
両替 **18–9**, 140, 141
量的金融緩和 103
旅行のお金 **140–1**, 146
倫理的な取引 34–5
労働 31, **56–7**, 106
　移動 69
　管理 51
　コスト 52–3, 69
　時間 60, 124–5
　市場 56–7
　発展途上国 108–9
　分業 52
労働価値説 41
労働組合 56
労働者協同組合 54, 87
労働者の権利 56
労働条件 34–5, 56, 65, 95, 108, 120, 137
ローン（融資） 83, 90, 100–1, 102, **116–17**, **134–5**, 145, 147
ローン契約 79
ロドリック、ダニ 151
ロビンソン、ジョーン 151
ワイマール共和国 84, 85
ワシントン・コンセンサス 107
ワルラス、レオン 25, 151

出典一覧

Dorling Kindersley would like to thank Derek Braddon for writing the Introduction (pp6–7); John Farndon
for writing the In Focus pages; Camilla Hallinan for writing the Glossary; Hazel Beynon for proofreading; and Helen Peters for the index.

The publisher would like to thank the following for their kind permission to reproduce their photographs:

(Key: a–above; b–below/bottom; c–centre;
f–far; l–left; r–right; t–top)

6 Dreamstime.com: Ilfede (c); Mariasats (cl). **6–7 Dreamstime.com:** Wiktor Wojtas (c). **7 Dreamstime.com:** Robyn Mackenzie (c); Paul Prescott (cl); Franz Pfluegl (cr). **10 Dreamstime.com:** Frenta. **15 Corbis:** Ed Eckstein (tr). **16 Corbis:** Mark Weiss (bc). **19 Corbis:** Photomorgana (tr). **21 Dreamstime.com:** Monkey Business Images (br). **25 Dreamstime.com:** Pariwatlp (br). **28–29 Dreamstime.com:** Bo Li. **30 Corbis:** Bojan Brecelj (bc). **32 Corbis:** Stefano Bianchetti (br). **37 Dreamstime.com:** Zorandim (br). **39 Corbis:** Lynn Goldsmith (br). **40 Dreamstime.com:** Matyas Rehak (bc). **42 Bridgeman Images:** Universal History Archive/UIG (bc). **46 Dreamstime.com:** Dave Bredeson (cl). **48 Corbis:** AS400 DB (bc). **51 Corbis:** Helen King (br). **53 Corbis:** (cr). **56 Dreamstime.com:** Konstantinos Papaioannou (bc). **62–63 Dreamstime.com:** Wiktor Wojtas. **65 Corbis:** Mike Segar/Reuters (br). **67 Corbis:** AS400 DB (tc). **69 Dreamstime.com:** Yanlev (br). **71 Corbis:** (br). **75 Dreamstime.com:** Tebnad (crb). **77 Dreamstime.com:** Tatiana Belova (br). **79 Dreamstime.com:** Kasto80 (br). **80 Dreamstime.com:** 3quarks (bl). **82 Dreamstime.com:** Audiohead (bc). **87 Dreamstime.com:** Andrey Burmakin (br). **88 Corbis:** Carsten Rehder/dpa (bc). **92 Dreamstime.com:** Alexmax (bc). **99 Corbis:** Harish Tyagi/Epa (br). **100 Corbis:** Hulton-Deutsch Collection (bc). **103 Alamy Images:** Zuma Press Inc. (tr). **105 Dreamstime.com:** Sergiy Pomogayev (tr). **108 Dreamstime.com:** Karnt Thassanaphak (bc). **111 Corbis:** Bettmann (br). **113 Dreamstime.com:** Komprach Sapanrat (br). **116 Dreamstime.com:** Joophoek (bc). **118: Corbis:** Roger Ressmeyer (bc). **122–123 Dreamstime.com:** Alexkalina. **125 Dreamstime.com:** Tom Wang (tr). **126 Dreamstime.com:** Diego Vito Cervo (bl). **128 Dreamstime.com:** Maxuser2 (bc). **131 Dreamstime.com:** Nasir1164 (tr). **133 Dreamstime.com:** Ljupco Smokovski (tr). **134 Dreamstime.com:** Andrey Popov (bc). **139 Dreamstime.com:** Rangizzz (br). **141 Dreamstime.com:** Matyas Rehak (br). **143 Corbis:** Bombzilla (br). **145 Dreamstime.com:** Epicstock (br).

Cover images: Front: **123RF.com:** Lorna Roberts (tc, cla); Sylverarts (br). Back: **123RF.com:** Lorna Roberts (cl); Sylverarts (crb); **Dreamstime.com:** Sylverarts (tr). **iStockphoto.com:** Sylverarts (cla). Spine: **Dreamstime.com:** Sylverarts (t).

All other images © Dorling Kindersley
For further information see: www.dkimages.com